Katzen

sind doch die besseren Menschen

Katzen
sind doch die besseren Menschen
und andere fröhliche Wahrheiten

Herausgegeben
von Brigitte Sinhuber

nymphenburger

1. Auflage Juli 1993
2. Auflage November 1993
3. Auflage Jänner 1994
4. Auflage Jänner 1995

in der F. A. Herbig Verlagsbuchhandlung GmbH, München

Umschlaggestaltung: Volkmar Schwengle, BuW, Berlin
unter Verwendung einer Illustration
von Walter Reiner
Satz: Fotosatz-Service Weihrauch, Würzburg
Gesetzt aus 10/12 Pkt. Walbaum Standard, System Berthold
Druck und Bindung: Wiener Verlag, Himberg
Printed in Austria
ISBN 3-485-00688-2

Inhalt

K. JEROME JEROME
Katzen heben Lebensart
7

ELKE HEIDENREICH
Geliebte Egoisten
21

SIMON CARMIGGELT
Es bleibt in der Familie
24

CLAIRE GOLL
Mandalay
39

EPHRAIM KISHON
Die Katze als Wille und Vorstellung
44

MARTINA MAGYARI
Micki spart Strom
53

HERBERT ROSENDORFER
Bilanz
60

ELFRIEDE HAMMERL
Die Herzensgute
80

ELISABETH CASTONIER
Ein Gentleman
89

Horst M. Lampe
Angst vorm Fliegen
96

Ursula von Zdroick/Elisabeth Effenberger
Katzenpost
108

Barbara Rütting
Auch ein Kater hat seine Probleme
117

Renate Fabel
Mit Kind und Kater
121

Bernd Philipp
Französisch für Katzen
130

Hilluschka Schwab
Solo
132

Hugo Wiener
Beim Tierpsychiater
137

Othmar J. Gschwentner
Ein Kater auf Abwegen
145

Wolfram Siebeck
Alles für die Katz
160

Gertrud Svoboda
Katzenmusik
163

Anja Meulenbelt
Ein Held wird müde
168

JEROME K. JEROME

Katzen haben Lebensart

»Katzen«, bemerkte Jephson eines Nachmittags zu mir, als wir im Kahne saßen und den Plan unseres Romans ernsthaft besprachen, »Katzen sind Tiere, vor denen ich den allergrößten Respekt habe!« Katzen und Dissidenten halte ich für die einzigen Wesen in dieser Welt, die im praktischen Handeln Gewissen zeigen. Sieh dir eine Katze an, wenn sie etwas Niedriges, Unrechtes tut – wenn dir je die Gelegenheit dazu wird; beachte, wie sie darauf aus ist, daß niemand sieht, was sie tut; und, wenn sie dennoch überrascht wird, wie schnell sie sich zu stellen weiß, als ob sie es nicht getan habe – als ob sie nicht einmal daran gedacht habe, es zu tun –, daß sie tatsächlich etwas andres, ganz andres vorhatte. Man sollte beinahe denken, sie hätte eine Seele.
Heute morgen betrachtete ich das Dach auf deinem schwimmenden Heim. Eine Katze kroch hinter den Blumenkästen entlang und schlich hinter einer jungen Drossel her, die sich auf ein Knäuel von Tauen gesetzt hatte. Mord glühte aus ihren Augen; die Lust, umzubringen, sprach aus jedem zusammengekniffenen Muskel ihres Körpers.
Als sie sich duckte, um loszuspringen, lenkte das

Schicksal, das sich der Schwachen gelegentlich wohl auch einmal annimmt, ihre Aufmerksamkeit auf mich, und da erst wurde sie meiner Gegenwart gewahr. Ich wirkte auf sie, wie eine himmlische Vision auf einen Verbrecher in der Bibel wirkt. Im nächsten Augenblick war sie ein ganz andres Geschöpf. Das gottlose Tier, das herumgeschlichen war, jemand zu suchen, den es verschlinge, war wie weggeblasen. An seiner Statt saß da ein langschwänziger, pelziger Engel, der mit einem Ausdruck zum Himmel aufblickte, der ein Drittel Unschuld und zwei Drittel Bewunderung für die Schönheiten der Natur spiegelte. Was sie da täte, wollte ich wissen? – Aber – konnte ich denn nicht sehen, daß sie da mit einem bißchen Erde spielte? So bösartig konnte ich doch wohl nicht sein, anzunehmen, daß sie den lieben, kleinen Vogel da fressen wollte – Gott behüte ihn!

Ein alter Kater, der am frühen Morgen nach Hause schleicht, nach einer Nacht, die er auf übelberüchtigten Dächern zugebracht hat! Kann man sich ein lebendes Wesen denken, das mehr darauf bedacht wäre, die Aufmerksamkeit nicht auf sich zu ziehen? »Herr Gott«, hört man ihn förmlich sagen, »ich hatte keine Ahnung, daß es schon so spät war; wie die Zeit vergeht, wenn man sich amüsiert. Wenn ich nur keinen Bekannten treffe – fatal, daß es schon so hell ist!«

Da sieht er von fern einen Schutzmann und macht plötzlich irgendwo im Schatten halt. »Was hat denn der da zu suchen«, sagt er, »und noch dazu so dicht vor unserer Tür? Ich kann doch nicht hinein, während er

da herumlungert. Sicherlich wird er mich sehen und erkennen; und er ist gerade der Mann dazu, mich beim Dienstmädchen zu verklatschen.«
Er versteckt sich hinter einen Pfahl und wartet, indem er dabei von Zeit zu Zeit vorsichtig um die Ecke sieht. Der Schutzmann indessen scheint seinen Standort gerade an diesem besonderen Platz aufgeschlagen zu haben, und das macht den Kater nervös und ärgerlich. »Was ist mit dem Narren los«, sagt er indigniert und zu sich selber, »schläft er? Warum bewegt er sich nicht von der Stelle, wie er es doch immerfort andern Leuten anempfiehlt? Dummer Esel, der!«
In dem Augenblick ertönt von fern her der Schrei »Milch«, und der Kater fährt in furchtbarem Schreck zusammen. »Großer Gott, was ist das? Jetzt werden alle herauskommen, bevor ich hineingekommen bin. Ich kann nichts dazu tun. Ich muß mein Glück versuchen.«
Er sieht sich mit bedenklicher Miene selbst an und zögert. »Ich wollte nichts sagen, wenn ich nicht so schmutzig und unordentlich aussähe. Ach, das Volk ist so geneigt, stets das Böse dieser Welt anzunehmen.«
»Na ja«, fügt er hinzu und rüttelt sich selbst auf, »da bleibt nichts übrig; ich muß der Vorsehung vertrauen. Sie hat mir früher geholfen, sie wird mir auch jetzt helfen.«
Er heuchelt den Ausdruck ernster Sorge und macht sich mit ehrbarem Schritt auf den Weg. Offenbar will er den Anschein erwecken, daß er die ganze Nacht für die Sanitätsnachtwachen tätig gewesen sei und nun

nach Hause zurückkehre, Kummer im Herzen ob all der Dinge, die er mit angesehen.

Unbemerkt schleicht er durch ein Fenster hinein und hat eben noch Zeit, sich mal schnell überzulecken, bevor er die Köchin auf der Treppe hört.

In dem Augenblick, in dem sie in die Küche tritt, liegt er zusammengerollt auf dem Herd und schläft fest.

Das Öffnen der Fensterläden weckt ihn. Er steht auf und macht ein paar Schritte und reckt und streckt sich.

»Du lieber Gott, schon Morgen?« sagt er schläfrig, »ach, wie schön habe ich geschlafen, Köchin, und so schön geträumt von meiner armen Mutter.«

Katzen nennt ihr sie? Sie sind Christenmenschen, in jeder Beziehung, ausgenommen die Zahl der Beine.

Eines Tages zog eine Chinchilla-Katze unter der Obhut einer ältlichen Jungfrau in die Nachbarschaft, und die beiden Katzen trafen sich auf einem Gartenmauer-Spaziergang.

»Nun, was für ein Los haben Sie gezogen?« fragte die Chinchilla-Katze.

»Oh, ich bin zufrieden.«

»Angenehme Leute?«

»O ja, recht angenehm – wie die Leute eben sind.«

»Fügsam? Pflegen sie Sie ordentlich, und sonst . . .?«

»Ja – o ja. Ich habe nichts an ihnen auszusetzen.«

»Was für Essen?«

»Oh, so das gewöhnliche bekannte Zeug, Knochen und Brocken, und dann und wann zur Abwechslung ein bißchen Hundekuchen.«

»Knochen und Hundekuchen? Wollen Sie damit sagen, daß Sie Knochen fressen?«
»Gewiß, wenn ich sie kriegen kann. Was mißhagt Ihnen daran?«
»Beim Schatten von Ägyptens Isis! Knochen und Hundekuchen! Essen Sie denn nie ein junges Hühnchen oder Sardinen oder ein Hammelkotelett?«
»Hühnchen! Sardinen! Was reden Sie? Was sind Sardinen?«
»Was Sardinen sind? Mein liebes Kind« (die Chinchilla war eine große Dame und nannte befreundete Herren, die etwas älter als sie waren, liebes Kind), »Ihre Leute da behandeln Sie geradezu schmachvoll. Kommen Sie, setzen Sie sich und erzählen Sie mir alles. Worauf schlafen Sie?«
»Auf der Erde.«
»Das dachte ich mir; und zu trinken abgerahmte Milch und Wasser, nicht wahr?«
»Etwas dünn ist sie wirklich.«
»Ich kann sie mir sehr gut vorstellen. Sie müssen diese Leute verlassen, mein Lieber, und zwar auf der Stelle.«
»Wohin soll ich denn aber gehen?«
»Irgendwohin.«
»Aber wer wird mich aufnehmen?«
»Jeder, wenn Sie es nur richtig anfangen. Wie oft meinen Sie, daß ich meine Leute gewechselt habe? Siebenmal! – Und mit jedem Male habe ich mich verbessert. Was meinen Sie wohl, wo ich geboren bin? In einem Schweinestall. Wir waren unser drei, Mutter

und ich und mein kleiner Bruder. Mutter verließ uns jeden Abend und kam zurück, wenn es eben anfing, hell zu werden. Eines Morgens aber kam sie nicht zurück. Wir warteten und warteten, aber der Tag verging, und sie kam nicht wieder, und wir wurden immer hungriger, und schließlich legten wir uns dicht aneinandergeschmiegt hin und weinten uns in den Schlaf.

Am Abend, als wir durch ein Loch in der Tür guckten, sahen wir sie über das Feld herüberkommen. Sie kroch sehr langsam vorwärts, indem sie mit dem Körper die Erde berührte. Wir riefen sie, und sie antwortete mit einem leisen ›Kru-u‹, aber sie verschnellerte ihren Schritt nicht.

Sie kroch herein und rollte sich auf die Seite, und wir rannten zu ihr hin, denn wir waren dem Verhungern nahe. Wir sogen lange an ihren Zitzen, und sie leckte uns über und über.

Ich lag auf ihr und schlief ein, doch in der Nacht wachte ich auf; denn ich fror. Ich kroch näher zu ihr heran, aber davon wurde mir nur kälter, denn sie war feucht und klammig von einer dunklen Flüssigkeit, die aus ihrer Seite sickerte. Damals wußte ich nicht, was es war; aber ich habe es seitdem erfahren.

Das trug sich zu, als ich kaum vier Wochen alt sein mochte, und von dem Tage an bis heute habe ich selbst für mich gesorgt: darauf ist man in dieser Welt angewiesen, mein Lieber. Eine Zeitlang lebten ich und mein Bruder in dem Stall weiter und fristeten unser Leben. Zuerst war es ein grimmes Ringen: zwei Babys

im Kampfe ums Dasein. Aber wir schlugen uns durch. Als ich nach Verlauf von ungefähr drei Monaten mich weiter als gewöhnlich von Hause entfernte, kam ich zu einer Hütte inmitten des Feldes. Es sah warm und traulich darin aus, und ich ging hinein; an Mut hat es mir nie gefehlt. Ein paar Kinder, die ums Feuer spielten, bewillkommneten mich und machten viel Wesens mit mir. Das war mir ein unbekanntes Gefühl, und ich blieb da. Mir kam damals der Ort wie ein Palast vor.
Er hätte mir auch immer weiter so erscheinen können, wenn sich nicht folgendes zugetragen hätte: Ich spazierte eines Tages durchs Dorf, und dabei fiel mir zufällig ein Zimmer hinter einem Laden ins Auge. Ein Teppich lag auf dem Fußboden und ein dickes Tuch vor dem Kamin. Ich hatte bis dahin nicht geahnt, daß es einen derartigen Luxus auf der Welt gäbe. So entschloß ich mich kurz, diesen Laden zu meinem Heim zu machen, und ich tat es.«
»Wie fingen Sie das an?« fragte der schwarze Kater, der sich dafür zu interessieren anfing.
»Durch den einfachen Prozeß, hineinzugehen und mich hinzusetzen. Mein liebes Kind, Frechheit ist das ›Sesam, tu dich auf!‹ für jede Tür. Die Katze, die tugendhaft ist, wird als ›Schuft‹ ersäuft; aber die Katze, die frech ist, schläft auf Sammetkissen und speist Sahne und Pferdebraten. Ich schritt also unverfroren hinein und rieb mich an den Beinen des alten Mannes. Er und seine Frau waren ganz weg von dem, was sie meine ›Zutraulichkeit‹ nannten, und nahmen mich mit Begeisterung auf. Wenn ich abends durch die Felder

schweifte, hörte ich oft die Kinder aus der Hütte meinen Namen rufen. Wochen vergingen, bis sie es aufgaben, nach mir zu suchen. Eines von ihnen, das jüngste, schluchzte sich nachts in den Schlaf, denn es dachte, ich wäre tot: Es waren liebe Kinder.

Ich war ungefähr ein Jahr lang bei meinen Krämerfreunden in Kost; dann ging ich zu anderen Leuten, die vor kurzem in die Nachbarschaft gezogen waren und eine wirklich ausgezeichnete Köchin hatten. Ich glaube, ich hätte mit diesen Leuten ganz zufrieden sein können, aber unglücklicherweise kamen sie herunter, mußten das große Haus und die Köchin aufgeben und in eine Hütte ziehen, und ich hatte keine Lust, wieder zu dieser Art Leben zurückzukehren.

Also – ich sah mich um, ob sich etwas Neues böte. Nicht weit von da lebte ein gelungener alter Bursche. Man sagte, er sei reich, aber niemand mochte ihn leiden. Er war nicht wie die anderen Menschen. Ein paar Tage lang ließ ich mir die Sache im Kopf herumgehen, dann entschloß ich mich, es mit ihm zu versuchen. Da er so allein im Leben stand, konnte es wohl sein, daß er viel Wesens mit mir machen würde, wenn nicht, konnte ich ja gehen.

Meine Vermutung erwies sich als richtig. Ich bin nie mehr verhätschelt worden als bei Trady, wie ihn die Dorfjugend benamst hatte. Meine gegenwärtige Beschützerin ist reichlich in mich vernarrt, weiß Gott, aber sie hat noch andre Verpflichtungen, während Trady nichts hatte, was er hätte lieben können – nicht mal sich selbst. Er wollte zuerst kaum seinen Augen trauen, als ich ihm auf die Knie sprang und mich an sein häßliches Gesicht ankuschelte. ›Hoho Miez‹, sagte er, ›weißt du, daß du das erste lebende Wesen bist, das je aus eigenem Antriebe zu mir gekommen ist?‹ Tränen standen ihm in seinen häßlichen kleinen, roten Augen.

Ich blieb zwei Jahre bei Trady und fühlte mich wirklich sehr glücklich. Dann wurde er krank; es kamen fremde Leute ins Haus, und ich wurde vernachlässigt. Trady hatte es gern, wenn ich auf sein Bett sprang, so daß er mich mit seiner langen mageren Hand streicheln konnte; und zuerst tat ich das auch. Aber ein kranker Mann ist nicht die beste Gesellschaft, wie Sie sich wohl denken können, und die Atmosphäre in einem Krankenzimmer ist auch nicht übertrieben gesund. Ich fühlte also, alles in allem erwogen, daß es Zeit für mich war, von neuem einen Umzug zu bewerkstelligen.

Allerdings war es etwas schwierig, loszukommen. Trady fragte immerwährend nach mir, und sie versuchten, mich bei ihm festzumachen: ihm schien seine Lage leichter zu fallen, wenn ich da war. Endlich gelang es mir doch, und als ich einmal aus der Tür heraus war, legte ich eine genügend große Entfernung zwischen mich und das Haus, um sicher nicht wieder eingefangen zu werden. Wußte ich doch, daß Trady sein Leben lang die Hoffnung nicht aufgeben würde, mich wiederzukriegen.

Wohin ich gehen sollte, wußte ich freilich nicht. Zwei bis drei Häuser boten sich mir, aber keins sagte mir ganz zu. An einer Stelle, wo ich mich einen Tag lang aufhielt, um zu sehen, wie es mir gefallen würde, war ein Hund; und an einer andern Stelle, die ich sonst ganz reizend gefunden hätte, war ein Baby. Wenn ein Kind einen am Schwanze zieht oder einem eine Papiertüte auf den Kopf setzt, kann man ihm eins auswischen, und niemand wird einen tadeln. Geschieht dir ganz recht, sagen sie dann zu dem schreienden Balg, du hättest das arme Tier nicht quälen sollen. Aber wenn man sich dagegen wehrt, daß das Baby einen an der Kehle faßt und versucht, einem das Auge mit einem hölzernen Löffelstiel auszustechen, wird man ein abscheuliches Tier genannt und durch den ganzen Garten gehetzt. Entweder ein Baby oder mich –; so denke ich.

Nachdem ich drei oder vier Familien ausprobiert hatte, setzte ich mich schließlich bei einem Bankier fest. Vom rein materiellen Standpunkt aus boten sich mir zwar vorteilhaftere Anträge; so hätte ich zum Beispiel in ein Wirtshaus gehen können, wo es Lebensmittel einfach unbegrenzt gab und wo die Hintertür die ganze Nacht über offenstand. Aber der Bankier – er war Kirchenältester, und seine Frau lächelte höchstens noch über den Witz des Bischofs – lebte in einer Atmosphäre solider Ehrbarkeit, von der ich fühlte, daß sie meiner Natur zusagen würde. Mein liebes Kind, Sie werden Zyniker antreffen, die über Ehrbarkeit lächeln; hören Sie nicht auf sie. Ehrbarkeit trägt ihren Lohn in sich selbst – einen sehr realen und praktischen Lohn. Sie bringt einem vielleicht nicht leckere

Gerichte und weiche Betten, aber sie bringt einem etwas Besseres und Bleibenderes ein; sie gibt einem das Bewußtsein, daß man das rechte Leben führt, daß man das Rechte tut, daß man, soweit der irdische Scharfblick es ermessen kann, dem rechten Ziele zusteuert, und daß die andern es nicht tun. Lassen Sie sich niemals von irgend jemand, wer es auch sei, gegen die Ehrbarkeit aufsässig machen. Sie ist das zufriedenstellendste auf dieser Welt – und auch das billigste.

Ich lebte nahezu drei Jahre bei dieser Familie und sah es ungern, als ich gehen mußte. Wenn ich es hätte verhindern können, hätte ich sie nie verlassen. Aber eines Tages ereignete sich etwas mit der Bank, was den Bankier nötigte, eine plötzliche Reise nach Spanien anzutreten, und nachher wurde das Haus ein etwas unbehaglicher Aufenthaltsort. Lärmende, plebejische Leute hämmerten fortwährend an der Tür und drängten sich in den Hausflur; und bei Nacht warf die Bande Ziegelsteine in die Fensterscheiben.

Meine Gesundheit war damals nur zart, und meine Nerven waren dem nicht gewachsen. So sagte ich der Stadt Lebewohl, ging wieder aufs Land und versuchte es bei einer gräflichen Familie.

Es waren große Protzen, aber ich hätte sie lieber gemocht, wenn sie häuslicher gewesen wären. Ich bin ein liebebedürftiges Geschöpf, und ich mag es leiden, Leute, die mich lieben, um mich zu haben. Sie waren in ihrer Art ganz gut gegen mich, aber sie nahmen nicht genügend Notiz von mir, und ich wurde es bald überdrüssig, Aufmerksamkeiten an Leute zu verschwenden, die sie weder zu schätzen wußten, noch darauf reagierten.

Von ihnen ging ich zu einem Kartoffelhändler, der sich zur Ruhe gesetzt hatte. Gesellschaftlich war das ja ein Rückschritt, aber in Beziehung auf Behaglichkeit und Wertschätzung meiner selbst ein Schritt vorwärts. Der Kartoffelhändler und seine Familie schienen recht angenehme Leute und außerordentlich von mir eingenommen zu sein. Ich sage ›schienen‹, da beides sich als irrtümlich erwies. Nachdem ich ein halbes Jahr lang bei ihnen gewesen war, gingen sie auf und davon und verließen mich. Sie baten mich weder, sie zu begleiten, noch trafen sie Vorkehrungen für mein etwaiges Dableiben. Sie kümmerten sich offenbar gar nicht darum, was aus mir wurde. Eine derartig egoistische Indifferenz den Forderungen der Freundschaft gegenüber war mir etwas Unerhörtes. Es gab meinem Glauben an die menschliche Natur – der nie besonders stark war – einen Knacks. Ich beschloß, daß in Zukunft niemand mehr Gelegenheit haben sollte, mein Vertrauen zu täuschen. Meine jetzige Herrin wählte ich auf die Empfehlung eines mir befreundeten Herrn hin, der früher bei ihr gelebt hatte. Er sagte, sie sei eine ganz außerordentliche Wirtin. Der einzige Grund, weswegen er sie verlassen hatte, war, daß sie von ihm verlangte, allabendlich um zehn Uhr zu Hause zu sein. Und das vertrug sich nicht mit seinen übrigen Dispositionen. Mir machte es nichts aus; ich kümmerte mich nicht um die Mitternachtsreunions, die so beliebt sind.

Es sind immer zuviel Katzen da, um sich wirklich zu amüsieren, und früher oder später macht sich stets ein rüdes Element geltend. Ich bot mich der Dame also an, und sie nahm mich dankbar auf. Aber ich habe sie nie leiden mögen und werde es auch nicht über mich gewinnen, denn sie ist eine alberne alte Person, und sie ennuyiert mich. Sie ist mir indessen ergeben, und solange sich mir nichts besonders Anziehendes bietet, werde ich bei ihr bleiben.

Das, mein Lieber, ist meine Lebensgeschichte, soweit sie sich bisher abgespielt hat. Ich erzähle sie Ihnen, um Ihnen zu zeigen, wie leicht es ist, wo aufgenommen zu werden. Werden Sie sich über Ihr Heim klar und miauen Sie kläglich an der Hintertür. Wenn sie aufgemacht wird, laufen Sie hinein und reiben Sie sich an dem ersten besten Bein, das Ihnen entgegentritt. Aber reiben Sie sich gründlich und blicken Sie vertrauensvoll auf. Mit nichts, habe ich beobachtet, kommt man bei den menschlichen Wesen so schnell zum Ziel als mit Vertrauen. Es wird ihnen nicht oft geboten, und es gefällt ihnen. Immer vertrauensvoll! Zu gleicher Zeit aber auf der Hut sein! Wenn es Ihnen noch zweifelhaft ist, wie Sie aufgenommen werden, versuchen Sie es damit, sich etwas anzufeuchten. Warum die Leute eine nasse Katze einer trockenen vorziehen, habe ich nie verstehen können. Aber, daß eine nasse Katze in der Tat sicher sein kann, gut aufgenommen zu werden, und mit Zärtlichkeit übergossen wird, während eine trockene Katze Gefahr läuft, die Gartenspritze auf sich gerichtet zu sehen, das ist ein nicht wegzuleugnendes Faktum. Auch essen Sie, wenn es Ihnen möglich ist und es Ihnen angeboten wird, ein Stückchen trockenes Brot. Das menschliche Geschlecht fühlt sich immer bis in seine tiefsten Tiefen erschüttert, wenn es eine Katze ein Stückchen trockenes Brot essen sieht.«

Fällt ihre Katze vom Baum – gehen sie besser ins Haus um zu lachen.

PATRICIA HITCHCOCK

ELKE HEIDENREICH

Geliebte Egoisten

Ja, ich weiß, ihr kennt das Märchen, in dem sich die Falltür öffnet und die bösen Köhlerstöchter in den Keller purzeln, weil sie zuerst für sich das Essen zubereitet haben und dann erst für die Tiere – da sahen sich die Tiere an, sagten »ducks!«, und weg war die egoistische Prinzessinenanwärterin, und es war wieder einmal nichts mit Ehe und Glaspalast, denn die Tiere waren verzaubert und konnten nur erlöst werden durch eine, die erst selbstlos SIE versorgte und dann sich selbst. Seit Jahren, meine Lieben, versorge ich immer zuerst euch und dann mich selbst. Und? Nichts. Es tut keinen Donnerschlag, mein Häuschen wird nicht zum Palast, und ihr bleibt einfache, biestige Katzen und verwandelt euch in gar nichts. Und trotzdem seht ihr mich vorwurfsvoll an mit euren weißweinfarbenen Augen und scheint »ducks!« zu denken und eine Falltür herbeizusehnen, durch die ich in den Keller fallen soll, nur damit ihr an meine Büchsenmilch kommt. Was seid ihr doch für ein Haufen Egoisten! Da mache ich eure Tellerchen zurecht, wohl beachtend, daß Klara keine Haferflocken mag, Nero keinen Fisch, Rosa kein Hackfleisch, ich denke an die Vitamintropfen und schneide für Frl. Pepi alles etwas kleiner als für die dicke Rosa, ich matsche und schnibbele und richte an, und dann – dann erst! – schmiere ich mir mein Frühstücksbrot und koche mir meinen Tee. Und was ist? Nero versucht, mir die Wurst vom Brot zu ziehen, Pepi wirft die Büchsenmilch um, um an den weißen See zu kommen, mißgünstig und neidisch starrt ihr mich an und denkt: »Die kann den Kühlschrank aufmachen, wir müssen immer warten.« Ich seh' doch, was ihr denkt! Ich kann alles in euren angeblich geheimnisvollen Augen lesen, die mir sind wie offene Bücher, aber ihr? Ihr versteht nicht mal, was ich meine, wenn ich laut schreie! Was war das denn heute nacht? Auf meinem Bein lag eine von euch und eine hinterm Kopfkissen, und als ich mich rumdrehen wollte und nur vorsichtig gemurmelt habe: »Verdammt noch mal, rückt doch ein bißchen!«, da habt ihr gefaucht, böse. Und als ich rief: »Wozu gibt es in diesem Haus Hundertschaften von Körbchen und Katzendeckchen, wozu?«, da habt ihr euch nur noch breiter hingelegt, mich fast ganz aus meinem eigenen Bett verdrängt und laut gedacht: *»Solche Menschen sollten keine Tiere haben.«*

Auf dem Stuhl muß ich frühstücken, weil ihr die Sessel belegt, und vorher muß ich zwei tote Mäuse wegräumen. In den Garten mag ich schon gar nicht mehr schauen, weil eine von euch es zur Meisterschaft im Blumenköpfen gebracht hat. Warum haßt ihr meinen Beruf? Warum legt ihr euch mit nassem Fell auf meine Manuskripte?

Muß ich es ein Leben lang büßen, daß ich euch klein,

verhungert und hilflos irgendwo aufgelesen, in meine Jacke gesteckt und mitgenommen habe, daß ich euch schwach gesehen habe? Jetzt zeigt ihr mir, wer die Herren und Damen im Haus sind, und ich habe zu spuren. Ich will euch mal was sagen: ohne mich keine warme Heizung und keine vollen Tellerchen, so sieht's aus. Aber ohne euch – und das muß auch mal gesagt werden – keine Haare auf den Polstern, keine Tierarztfahrten, keine unbequemen Nächte und überhaupt ... ohne euch ... kein Schnurren, keine Anmut, kein zartes Maunzen, wenn ich nach Hause komme, kein Reiben an meinem Bein, kein Zusammenrollen auf meinem Schoß, ohne euch kein trautes Heim, Glück allein. Ohne euch – unvorstellbar. Ich will eigentlich nur, daß ihr das einmal, *einmal!* auch zu mir sagt. Und zwar im Chor, alle zusammen: *Wir lieben dich!* Ja, schon gut. Zu rührselig. Hier, kommt alle her – Tellerchen warme Milch abholen. Ich liebe euch.

Es gibt keine normalen Katzen.
COLETTE

SIMON CARMIGGELT

Es bleibt in der Familie

I

Heut morgen bin ich in dem kleinen Geschäft am Kanal gewesen. Ich gehe öfters hin, der Laden gehört nämlich einem Tierhändler, der in seinem Schaufenster ein wohl aussortiertes Lager junger Katzen unterhält. Ihrer dreizehn sitzen sie im Sägemehl und erinnern mich ein bißchen an eine Szene aus einem Laienspiel freisinnig christlicher Studentinnen. Da sind zwei weiße, die arrogante Mienen zur Schau tragen wie geraubte Schloßkinder mit gesticktem Unterzeug in einem Zigeunerlager, während die andern sich in der Ungeniertheit großstädtischer Pennbrüder gefallen und sich nicht mal das Sägemehl aus dem Schnurrbart wischen.

Wenn ich vor dem Laden stehe, klopfe ich gern ans Schaufenster. Dann gucken sie alle kopfschüttelnd, als ob sie sagen wollten: »Schon wieder dieser Kerl!« Eine ganz kleine bibbernde, mit schrecklich ordinärem Zeug an, spielt immer die Rolle des freundlichen, aber besonders dummen Zwerges aus Schneewittchen und will an meinem Finger lecken. Dies Wurm kann und kann nicht begreifen, was Glas eigentlich ist. Die andern lachen sie aus und rufen: »Guckt euch die blöde Sophie an!« Der Ton ist nämlich ziemlich rauh in diesem Schaufenster, und es fällt manch bissiges Wort. Ich verstehe das ganz genau, denn ich habe im Kriege auch eine Katze gespielt.

Die Hauptschwierigkeit in diesem Schaufenster ist die Anwesenheit einer großen Katze, die – in kostbarem Dessin – eine Etage höher ein Einzelzimmer bewohnt. Ihr Äußeres weckt Assoziationen mit einem Menschen, der auf einem tollen Fest ein Eidotter vor die Stirn gekriegt hat. Mit diesem sonderbaren gelben Gesicht sitzt sie den ganzen Tag sehr kritisch und nörgelnd in der Sägemehlarena und sieht um sich. Und immer wieder hält sie es für nötig, laut zu verkünden, daß sie reichlich einen Gulden mehr koste als die dreizehn kleinen Dinger im Souterrain.

Das ärgert natürlich die Kleinen, die sowieso schon viel auszustehen haben in ihrem Leben. Denn stellen Sie sich einmal vor: drei oder vier sind in ein Gespräch vertieft, die eine, die lichtblaue, will gerade erzählen, wie sie das neue Buch von Katz findet, da geht sie plötzlich in die Luft, weil der Chef seine mächtige Hand in den Kerker gesteckt hat, um sie einem Kunden zu zeigen, der sie mal von nahem besehen will.

»Leb wohl, Marie«, rufen die andern, »vergiß nicht zu schreiben!« Glücklicherweise ist das meistens blinder Alarm; denn die Menschen entschließen sich heutzutage nicht mehr so schnell. Ein paarmal wird Marie nun hin und her gedreht, es wird in die Augen und unter den Schwanz geguckt, manchmal wird sie auch einem kleinen, unhöflich zurückweichenden Jungen entgegengestreckt, aber meist fällt sie dann wieder unter fröhlichem Jauchzen ins Sägemehl zurück. Ihr Typ war nicht gefragt.

»Ha«, ruft dann die teure Katze von oben, »nicht mal die paar Pfennige bist du ihnen wert, Marie!« Ist das vielleicht nicht bitter?

Ich hab dann auch eine edle Tat vollbracht und die kapriziöse gelbe Dame als Lebensgefährtin für meinen einsamen Kater zu Haus gekauft in der Überzeugung, daß ein geordnetes Familienleben mit einem Stall voller Kinder sie wohl zu kurieren vermöchte.

Sie hätten die dreizehn erleichterten Gesichter sehen sollen, als ich mit ihr draußen stand.

»Herzlichen Dank, lieber Herr!« riefen sie gerührt. Und Sophie versuchte wieder, mir durch die Scheibe den Finger zu lecken. Aus Gefälligkeit bin ich noch ein bißchen stehengeblieben. Denn selig sind die Einfältigen im Geist.

II

Die Arroganz des menschlichen Geschlechts kennt keine Grenzen! Da habe ich in meinem Wahn auf dem Sklavenmarkt eine Frau für meinen Kater gekauft, ohne auch nur einen Augenblick zu bedenken, ob ›sie‹ ihm auch sympathisch sein würde.

Das erste Zusammentreffen war denn auch rauh und unerfreulich. Denn Katzen haben Charaktere und

Gesichter genau wie Menschen, und bei näherer Betrachtung wurde sehr bald klar, daß die neue Hausgenossin in keinem guten Fell steckte.

Während mein eigener Kater nicht einmal ahnt, daß die Welt böse ist, ist dieses gelbe Gespenst mit ihren scheelen, tückischen Augen auf lauter Gaunereien aus, frißt die Teller leer, die nicht für sie bestimmt sind, nagt heimtückisch an Sachen, die geschont werden sollen, oder schlägt hinterrücks ihre Krallen in Waden, die keine andere Absicht hatten, als vorbeizugehen.

Nachts, wenn ich nicht schlafen kann und in der Küche mit Hilfe eines Glases Milch das Wirbeln des Weltschmerzes in meinem Innersten zu besänftigen trachte, ist es allein die Neue, die aus leichtem, unruhigem Schlafe aufschreckt. Sie flüchtet dann hinter den Schrank und belauert mich und mein Glas aus dem Winkel wie eine fürchterliche Teufelsfratze voll böser Bedeutung.

»Na, komm!« sage ich und strecke die Hand aus, wie sich's für einen Christenmenschen gehört, die Wange darzubieten, aber dann faucht das Tier nur wie ein Reptil und speit mir aus den Augen so viel Ingrimm ins Gesicht, daß ich von jedem weiteren Entgegenkommen absehe und mißtrauisch mein Glas leere.

Obwohl diese Ehe, die ich den beiden aufgezwungen habe, offenbar unglücklich ist, weiß das geübte Auge meiner Frau eines Tages festzustellen, daß es Zeit wird, den Säuglingskorb wieder einmal vom Boden zu holen. Diese zärtliche Vereinigung besserte das Verhältnis nicht im mindesten. Hatte die Gelbe sich anfänglich damit begnügt, hinter ihm herzumaunzen, kam im weiteren Verlauf ihres gesegneten Zustandes noch die Ichsucht der Frau, die einem hohen Interesse dient, zu ihrem schon so egozentrischen Benehmen. Täglich sehen wir in der Küche, wie sich die humanitäre Erziehung unseres Katers rächt. Von seinem ersten Atemzug an hatten wir ihm alle Schwierigkeiten aus dem Weg geräumt, ja, ihm kampflos das Feld überlassen, und nun wußte er seine Ellbogen nicht zu gebrauchen. Neben der gerissenen, mit allen Wassern gewaschenen, mit allen Hunden gehetzten Kurtisane vom Sklavenmarkt, die da, wohlgemerkt, auf *seiner* Lagerstatt liegt, um Mutter zu werden, ist er kaum mehr als ein Pantoffelheld, ein Waschlappen, ein streunender Schlappschwanz, ein mit Fell bezogenes Weichtier, das jedes Gefühl für Haltung verloren hat.

Mit der Erfindungsgabe einer *lady in distress* stiftet diese aufdringliche Person ihn an, das Kotelett aus der Pfanne zu stehlen, doch wenn er – der Despotie ihrer grünen Augen nicht gewachsen – die Missetat begangen hat, macht sie sich murrend an die Mahlzeit und kratzt ihm den Kopf blutig, wenn er nur zusehen will, wie's ihr schmeckt. Er selber macht sich nämlich überhaupt nichts aus Kotelett und mag nur Fischgräten – das ist bei diesem Mißverständnis so besonders herzzerreißend.

Ich kann nicht wiedergeben, was in mir vorgeht, wenn ich ihn betrübt und verprügelt auf dem Flur sitzen sehe, weitab von der weichen Decke, auf dem ›das Mensch‹, nun vollgefressen, von ihrer gesicherten Zukunft träumt. Sein Leben, früher vielleicht ein bißchen kleinbürgerlich, doch bestimmt voll süßer Bequemlichkeit, ist bitter und stachlig geworden – und er ist dem nicht gewachsen. Ein verstoßener Kater Lear ist er geworden, einsam den Stürmen des Lebens ausgesetzt, schweigsam vor unverstandener Wehmut.

Ein schöner Montagmorgen trug das vogelhafte Piepsen von vier kleinen Kätzchen in die Küche. Die Mutter hatte das sorgfältig vorbereitete Kindbett eigensinnig verschmäht und sie in einem Einkaufskorb mit ein paar zerknüllten Nummern des Tageblattes als Matratze zur Welt gebracht. Wer wird nun noch wagen, am Nutzen der Presse zu zweifeln? Und wer, o wer hätte nicht gerne neben mir gestanden, um auf den blinden Nahkampf, Brust an Brust, niederzuschauen, den die vier da, unter Mutters Schutz, sich schon am ersten Morgen lieferten?

Mit dem Kater ist auf einmal etwas vorgegangen. Er hat nicht mehr den Schritt eines Mannes, der jedesmal beim Verlassen des Zimmers über die eigenen Beine stolpert. Neben dem Korb stehend, wirft er auf seine Brust den durchdringenden Blick eines ehrgeizigen Filialchefs, der ein leeres Weinfaß kontrolliert. Die Mutter dagegen ist nicht mehr ganz so selbstbezogen. Sie guckt mit der leisen Wehmut einer Frau zu uns auf, die in einer einzigen Nacht die Relativität ihrer teuren Tageskrem eingesehen hat.

»Onkel, willste mal die kleinen Kätzchen sehn?« höre

ich, als ich wieder im Bett bin, meine Tochter den morgendlichen Geldbriefträger fragen.
»Wieso?« krächzt der Mann unentschlossen.
»Brauchst bloß in die Küche zu gucken.«
Es klingt sehr einladend. Aber der Mann sagt: »Nee, nee, lieber nicht.« Und nach einigem Schweigen: »Ist dein Vater nicht zu Haus? Ich hab hier eine Nachnahme . . .« Papier raschelt.
»Ich möcht ja eins holen«, sagt mein Töchterchen, »aber die Alte will das nicht gern, wissen Sie . . .«
»Vierzehn fünfundsiebzig«, beharrt der Mann.
Denn das Leben geht weiter.

III

Zum erstenmal haben meine vier jungen Katzen die Mittagsstunde im Wohnzimmer verbracht. Sie wohnen nämlich im Flur hinter dem Fahrrad und haben seit ihrer Geburtsstunde fast ununterbrochen von Mutters Überfluß verdeckt dagelegen. Papa haben sie überhaupt nicht mehr gesehen, denn nach dem Anflug von Toleranz am Tage nach der Entbindung hat die Dame das Kriegsbeil unverzüglich wieder ausgegraben. Ihre boshafte Angriffslust und die feige Furchtsamkeit meines Katers haben uns zu Haus in zwei souveräne Zonen gespalten: er darf zu uns, wegen seiner älteren Rechte, und sie bleibt auf dem Flur, wegen ihrer Nachkommen. Nur abends muß der schwarze Feigling auf dem Wege zum Hof durch ihren

Bezirk. Sie steht dann immer schon da und wartet auf ihn wie eine Frau vor der Kneipentür, und er schlüpft hastig vorbei, kriegt aber doch jedesmal noch ein paar Schellen, die er dann den ganzen nächsten Tag wehleidig beleckt.

Kurz: es ist ein Leben wie Hund und Katze, wie das in schlecht fundierten Ehen öfters der Fall ist. Auf die Schuldfrage will ich nicht eingehen, das darf man als Außenstehender nie tun, wenn es um die Liebe geht – aber, Hand aufs Bürgerliche Gesetzbuch, ich finde doch, daß der Mann ein Recht hat, seine Kinder dann und wann zu sehen. Bis jetzt war das wegen der Allgegenwärtigkeit von ›diesem Mensch‹ unmöglich, aber heute mittag erhob sie sich plötzlich, gab den Kindern ein paar Fußtritte und schwang sich in das rosige Leben hinaus. Wir haben das Fenster dann hinter ihr zugemacht und das piepsende Quartett eigenhändig im Zimmer auf den Fußboden gesetzt.

Papa schlief, und obwohl man sonst neben seinem Ohr getrost ein Kilogewicht in eine Zinkwanne werfen konnte, ohne daß es ihn störte, stand er jetzt im Handumdrehen auf seinen Beinen. Mit einem Satz war er auf dem Tisch, legte sich der Länge lang nieder und guckte über den Rand auf seine Ebenbilder runter.

Die Kätzchen stolperten vor Erstaunen übereinander, wobei sie klägliche Piepser zum Himmel schickten.

Nachdem Papa das familiäre Treiben geraume Zeit mit einem Ausdruck tiefer Melancholie verfolgt hatte, begab er sich behutsam auf den Fußboden und blieb unbeweglich unter dem Tisch stehen. Eins von den Kätzchen, tiefschwarz, doch durch den Besitz eines weißen Brüstchens an einen eitlen Jungen erinnernd, der in seiner frisch geplätteten Bluse folgsam zur Schule geht, löste sich aus dem Knäuel und begann auf das große Standbild zuzuzittern. Alles saß noch locker an ihm – das Schwänzchen, das Köpfchen, die Beinchen –, aber es kam auf seine Weise doch ganz hübsch voran und stand, nach mancherlei Anfechtungen, fest zu Papas Füßen.

›Nun erwartet uns ein rührendes Bild!‹ dachte ich in meiner armseligen menschlichen Sentimentalität. Nicht so im nüchternen Tierreich! Der Kater streckte, angewidert von Ekel, den Kopf nach vorn, schnupperte verächtlich an dem kleinen Scheusal, zeigte die Zähne und sagte:

»Chchch – ch!«

Das war ein so niederträchtiges und durchdringendes Geräusch, daß der junge Mann im Augenblick koppheister ging und, alle vier Beine zum Himmel gestreckt, um Hilfe piepste, ein Laut, vor dem der ängstliche Papa dann wieder so schrecklich zusammenfuhr, daß ein einziger Sprung genügte, ihn wieder an seinen alten Platz auf dem Tisch zu befördern. Mit sichtlicher Erleichterung sah er zu, wie wir nachher sein Quartett auf den Korridor zurückbrachten.

»Und wir haben den süßen Papi gesehen«, sagten die Kätzchen, als Mutti wieder in den Korb stieg.

»Haltet den Mund!« brummte ›das Mensch‹ und beschloß, ihm am Abend eine extra zu knallen.

IV

Angesichts der Tatsache, daß unser Mädchen mit der Schwester eines Uhrmachers befreundet ist, den meine Tante in ihrem vorigen Urlaub kennengelernt hatte, lag es auf der Hand, daß diese mich anrief, um zu fragen, ob ich vielleicht ein Kätzchen für sie übrig hätte, und da ich ja sagte, war es nicht verwunderlich, daß sie eines Nachmittags persönlich erschien. Gut fünfzig war sie und von anspruchsloser Machart, aber das erwärmende Lächeln von Vaters Lieblingstochter hatte der Sturm des Lebens noch nicht von ihrem Gesicht geblasen.

Da die beiden kleinen Katzen, die noch übrig waren, in stürmischer Umarmung im Schlaf lagen, konnte sie ganz nach Belieben aussuchen. Während ich mit gedämpfter Stimme auf die feineren Züge ihrer Charaktere aufmerksam machte und die Vor- und Nachteile der beiden Geschlechter nicht unerwähnt ließ, stand sie da, nickte höflich und rief schließlich: »Dann also die!« Es war die Graue mit den trügerischen Plüschaugen, die kaum vermuten lassen, wie gehässig sie fauchen kann, wenn ihr schüchternes Brüderchen auch mal ein Häppchen mitessen will.

»Gott, wie reizend sie sind!« sagte das Fräulein gerührt. Und um ihre Begeisterung auch auf eine den Tieren verständliche Weise zum Ausdruck zu bringen, gab sie so ein plumpes Amateurtätscheln zum besten, daß die beiden auf dem Sessel wie bei einem Großalarm aufschreckten. Mit einem Blick hatten sie die

Situation erfaßt und als ›Essig‹ qualifiziert. Sie flitzten vom Sessel und trippelten aus der Küche, um irgendwo im Hause eine für Menschen zu niedrige Stelle aufzusuchen.
»O, ich fang sie gleich«, sage ich.
»Dann werde ich inzwischen nach einer Taxe telephonieren«, sprach das Fräulein mit gealterter Stimme, »denn ich traue mich mit dem Tierchen nicht so einfach auf die Straße. Stellen Sie sich vor, wenn es mir aus der Hand schlüpfte!«
Und sie ging daran, kopfschüttelnd über diese Aussicht, mit der Wählscheibe ihr Spiel zu treiben. Während sie eine Reihe völlig falscher Anschlüsse zustande brachte, warf ich mich im Schlafzimmer auf die Erde und rief im verführerischsten Ton Einladungen unter das Bett. Sie wurden aber nicht angenommen, da die Kätzchen wahrscheinlich irgendwo hinter einem Koffer saßen und dachten: »Rutsch du uns nur den Buckel runter! Wenn wir rauskommen, müssen wir mit dem fremden Menschen mit.« Eine nicht ganz falsche Unterstellung, die aber meine Mission ernsthaft erschwerte.
»Die Taxe kommt gleich«, hörte ich die Stimme des Fräuleins aus der Höhe. Als ich unter dem Bett hervorkam, lag sie am Kopfende auf den Knien und mußte aufgehoben werden.
»Geht's?« fragte sie interessiert.
»Nein«, sagte ich. »Aber ich hole eben meine Taschenlampe, dann kann ich besser sehen.«
Da ich Kinder habe, lag der praktische Gegenstand

nicht an seinem Platz, sondern mußte in dem Garten gegenüber einem störrischen Bauernbengel entrungen werden. Sein Geheul in den Ohren, kehrte ich nach einiger Zeit in das Schlafzimmer zurück, wo ich das Fräulein von neuem auf den Knien antraf, diesmal neben zwei mir unbekannten ledernen Männerbeinen, die unter dem Bett hervorstaken.

»Das ist der Chauffeur«, erklärte sie. »Er hilft uns.«

»Hallo«, rief der Mann hohl. »Haben Sie die Lampe da?«

Ich tauchte nun auch wieder in die Finsternis und sah beim aufblitzenden Licht, daß er einen schönen Schnurrbart trug.

»Der Koffer muß da raus, Herr!« sagte er energisch. »Dann übersehen wir den ganzen Raum, verstehn Se?«

Als wir den Plan in die Tat umgesetzt hatten, konnten wir wenigstens mit Sicherheit feststellen, daß die Katzen nicht unter dem Bett saßen. Wir untersuchten darauf den Kleiderschrank mit dem gleichen Ergebnis, lagen Mann neben Mann vor dem Küchenherd und guckten behutsam in alle Eimer und Kästen, die das Inventar umfaßte, doch andere Tiere als zufällig anwesende Käfer oder im Schlaf überraschte Kakerlaken konnten wir nicht stellen.

»Wo nun noch?« fragte der Chauffeur, der bestaubt, aber ungebrochen auf dem Fußboden saß.

»Wir halten Sie nur auf«, sprach das Fräulein.

»O, das macht nichts«, rief der Mann. »Die Uhr geht ja weiter.«

Das Fräulein bekam eine Reihe Runzeln mehr und wollte wissen, wieviel es schon mache, und als der Chauffeur zurückkam, um zu melden, daß wir bereits einen Taler unter dem Schrank verlegen hatten, rechnete sie schnell ab und versprach mir, noch einmal wiederzukommen.

Die Tür hatte sich noch nicht ganz hinter ihr geschlossen, als die Katzen harmlos pfeifend in die Küche kamen und sich wieder wie hingehaucht ausstreckten. Wahrscheinlich haben sie irgendwo einen Schlupfwinkel für Notfälle, doch ehe ich fragen konnte, hatten sie ihr Nickerchen wiederaufgenommen, froh und unschuldig, als ob kein Groschen vertan wäre.

V

Weil das Fräulein wirklich wiederkam, hab' ich jetzt nur noch ein Kleines übrigbehalten. Es ist ein gestreifter Kater und hat ein besonders intelligentes Gesicht, mit dem er nun gottverloren über den Flur trippelt.

Der Abschied von seiner letzten Schwester war ihm schwergefallen. Daß die andern beiden eines schönen Tages weggebracht worden waren, hat er, glaub' ich, nicht mal bemerkt, denn soviel ich weiß, können die Tierchen nur sehr mangelhaft zählen. Mit der übriggebliebenen Schwester stellte er den ganzen Tag einen Haufen dummes Zeug an: auf den Stuhl und unter den Stuhl . . . sich gegenseitig auf dem Kopf rumtrommeln, natürlich. Sie machten keinen seriösen, aber doch einen glücklichen Eindruck, die beiden.

Als das Schwesterchen in einem Strohkoffer weggebracht worden war, saß er wohl eine Stunde lang sehr nachdenklich auf seinem Schwänzchen. Er sah sofort, daß es nun aus war mit dem Herumtollen, und verzweifelte am Sinn des Lebens. Um ihn zu trösten, hockte ich mich vor ihm nieder und bewegte meine Daumen im Takt hin und her. Mit großen hellen Augen guckte er zu. Er war gerührt. »Der Mann da – mit seinen Daumen . . .«, dachte er. Und gütig schlug er einmal mit dem Pfötchen danach. Aber das richtige war es doch nicht.

Den ganzen Tag blieb er wie ein Alter auf einer Zeitung sitzen, wusch und frisierte sich wie ein Erwachsener, der nicht mehr ein noch aus weiß, und erst am nächsten Morgen fand er seinen eigenen Lebensstil wieder. Er hatte anscheinend die Tatsachen integriert: Mutter ist zu brummig für wilde Spielchen, und Pappi geht in seiner Hosenzittrigkeit so weit, daß er schon unter den Schrank kriecht, wenn ein Seepferdchen hereingaloppiert. Von diesen Erfahrungstatsachen ausgehend, macht er sich nun einen Solospaß. Er hoppelt ziellos und ausgelassen ins Zimmer herein wie Kinder, die aus der Schule plötzlich johlend hereingestürmt kommen. In der Kurve rutscht sein Hinterteil wohl auch mal übers Linoleum, wie man's bei schlecht gesteuerten Autos sieht, und es kommt vor, daß er hinfällt, wenn er die Geschwindigkeit verringert, und ein paar Purzelbäume schießt.

Ich für meine Person finde es erquickend, seiner nutzlosen Betriebsamkeit zuzuschauen. Er steht bei mir auf der Liste der vergnüglichen Dinge. Die Liste ist nur kurz, aber ich hab wenigstens eine. Eigentlich glaube ich, daß nur eins an ihm tragisch ist: er wächst. Das heißt: noch ein Weilchen, und er ist ein ganz gewöhnlicher, dicker Kater, der faul und träge hinterm Ofen hockt. Und dann wird das Wort meiner Mutter auf ihn zutreffen: »Kleine Kinder sind reizend; aber wissen möcht' ich, wo die großen Lümmel herkommen.«

Wenn ich mit meiner Katze spiele, bin ich nie ganz sicher, ob nicht ich ihr Zeitvertreib bin.

MICHEL DE MONTAIGNE

CLAIRE GOLL

Mandalay

»Gott schenkte uns die Katze, um uns zu erlauben, in ihr den Tiger zu streicheln«, sagt ein großer Dichter. Seit Mandalay die Wohnung in ein Dschungel verwandelt hat, zitieren Er-au oder Sie-au, wie der Kater sie nennt, häufig diesen Ausspruch Victor Hugos. Und zwar immer derjenige von ihnen, dem die siamesische Katze gerade keinen Streich gespielt hat.
Aus den kleinen Gummibäumen, den Töpfen mit dem Immergrün und den harmlosen Kakteen vor dem Fenster war ein Urwald geworden, und Mandalay lauerte darinnen auf das Abenteuer. Er hatte zuviel Phantasie, um nicht überall und zu jeder Stunde des Tages auf ein Abenteuer zu warten. Zuweilen führte er ein Ballett auf mit einem Papierknäuel, ein siamesisches Ballett von großer Schönheit. Der berühmteste Luftsprung, den je ein Tänzer gemacht hat, der Nijinskys, in dem dieser achtmal in der Luft die Beine kreuzte, bevor er wieder den Boden berührte, war nichts gegen die Sprünge Mandalays. Sie waren geradezu eine Verneinung des Gesetzes der Schwerkraft. Er warf sich in die Luft, überkugelte sich mehrere Male, hängte sich an ein unsichtbares Seil und ließ sich herabgleiten, die Pfötchen auf die Sprossen einer imaginären Leiter set-

zend. Jetzt wirbelt er um seinen Schwanz herum, als wäre er ein irrsinniger Kater und nicht der weise Mandalay, der noch vor einigen Minuten zur Fayence erstarrt von den Tempelstufen träumte, auf denen seine Vorfahren mit offenen Pupillen in die Unendlichkeit hineinsahen und mit rotglühenden Augen Löcher in die Zeit brannten.

Jetzt klettert er mit der ihm eigenen Verachtung der Materie an den Brokatvorhängen hinauf, die unter den einsetzenden Krallen knirschen, jongliert ein wenig mit einem Kolibri, der dem Dschungel der paar Fettpflanzen unten entflogen zu sein scheint, und sitzt schließlich als edle Skulptur auf der Vorhangstange, der Dinge harrend, die für einen Kater kommen müssen, der Brokatvorhänge mit Verachtung behandelt.

»Willst du wohl sofort herunterkommen!« ertönt die Stimme der Herrin. Mandalays Schweigen sagt deutlich, daß er nicht will.

»Er will uns ärgern, weil wir ihn geärgert haben, Liebste«, ruft der Herr durch die geöffnete Türe des Nebenzimmers. Aha, denkt Mandalay, er deutet meine Geste richtig. Umsonst hat das Mädchen gesagt: »Madame est servie.« Umsonst hat Er gebeten: »Möchtest du nicht zu schreiben aufhören, Liebste, das Essen steht auf dem Tisch.« Sie fährt fort zu schreiben, ohne Rücksicht auf Kater, Mann und Mahlzeit. Wirklich, welch ein Mangel an Respekt! Mohammed schnitt seinen Ärmel ab, auf dem eine Katze eingeschlafen war, um sie nicht zu wecken, und hier geht eine über Papier eilende Feder allem anderen vor.

Einst war die Katze der Gott der Ägypter. Mandalay räkelt sich hoheitsvoll bei diesem Gedanken. Er macht einen stolzen, aristokratischen Buckel, so hoch, wie ihn der nahe Plafond zuläßt, und erinnert sich dunkel seiner Vorfahren.

Nun geruht er seinen Absprung zu tun. Wenn man es nicht von ihm verlangt, kommt er gerne herunter. Nur unberechenbar sein und bleiben will er. Lautlos langt er auf seinen Gummisohlen auf dem Stuhl vor dem Tisch an.

Im Nebenzimmer pfeift Er einige Molltöne, um die Katze anzulocken. Aber selbst diese Laute, die gewöhnlich Mandalays Seele in so besondere Schwingungen versetzen, daß er sofort auf den Flötenden zuspringt, haben heute keine Wirkung auf ihn. Er kann die kriminelle Verzögerung des Mittagessens nicht verzeihen und zieht seine »mou« jedem »mi« vor.

Er kommt aus dem Nebenzimmer und legt seine Hand auf des Katers Kopf: »Ja, ja, Mandalay«, sagt er lachend, »in Indien, im Tempel des Lao-Tsun, am See Incaougji gelegen, leben hundert heilige Katzen, die alle lange vor ihrem Priester essen. Du hast deine Herren schlecht gewählt . . . Aha, man wünscht keine Berührung.«

Er zieht seine Hand zurück und geht wieder in sein Zimmer. Mandalays zuckender Schwanz zeigt zu deutlich seine Abneigung gegen Liebkosungen an. Er klopft lauter mit dem merkwürdig verstümmelten, wie abgebrochenen Schwanz, der seiner Rasse Eigentümlichkeit ist, gegen die Stuhllehne. Nein, Sie hört und sieht nichts, wenn Sie schreibt. Das ist der Moment. Vorsichtig legt er seine schwarzbehandschuhten Vorderpfoten auf die Tischkante, dann schiebt er den Körper nach. Noch ein kleiner Ruck, und er kann die Sardinen erschnappen.

Aber die Falschheit der Menschen ist unermeßlich. Richtet Sie sich nicht auf und sagt: »Mandalay, du Dieb, willst du wohl . . .«

Mandalay schaut Sie herausfordernd mit gläsernen Augen an.

»Vom Tisch herunter oder . . .«

»Oder?« fragt er spöttisch und rührt sich nicht. Er weiß genau, was er zu tun hat, um die auf dem Divan Liegende endlich zum Aufstehen zu bringen und zur feierlichen Handlung des Essens zu zwingen. Denn ist Sie erst einmal aufgesprungen, legt Sie sich nicht wieder hin.

»Oder ich hole den Stock!«

Mandalay lächelt, ohne sich zu bewegen. Kann man einem Kater, der von annamitischen Katzen abstammt, die im siebzehnten Jahrhundert aus dem Reich der Khmer importiert und mit den Katzen von Birma gekreuzt wurden, vielleicht mit Schlägen drohen? Drohen, ja. Dem entarteten Menschen ist alles möglich. Aber schlagen! Mandalay möchte am liebsten laut auflachen, wenn er könnte. Schlagen! Ihn, den Verwandten der geweihten Katzenstatuen von Mandalay, deren Augen aus echten Saphiren gemacht waren! Hat Er ihm das nicht oft genug erzählt?

»Ja, muß ich denn wirklich aufstehen und diesen Ka-

ter wegjagen?« Sie setzt probeweise einen Fuß auf den Boden. Mandalay rührt sich nicht. Nun folgt ihr zweiter Fuß. Der Kater zieht seinen Boxhandschuh zurück. Sie stürzt auf ihn zu.
»Ach, diese Katze! Der größte Dieb von Paris!«
Mandalay ist unter dem Kasten verschwunden. Er grinst.
»Hallo! Zu Tisch!« ruft Sie zu Ihm hinüber. »Was für ein tyrannisches Tier! Jedesmal, wenn man später essen möchte, bedroht es mich mit Diebstahl, mit seinen Urinstinkten! Welch unzähmbares Raubtier!«
Er kommt und lächelt sein feines siamesisches Lächeln, das Er der Katze abgeguckt hat.
»Liebste, vergiß nicht: ›Dieu nous a donné le chat pour nous permette de caresser le tigre.‹«

Katzen haben gerne offene Türen – für den Fall, sie entscheiden sich doch anders.

EPHRAIM KISHON

Die Katze als Wille und Vorstellung

Seltsam, was einem so alles widerfahren kann an einem unscheinbaren Sonntagabend. Es begann damit, daß das israelische Nationaltheater Habimah anläßlich einer Europa-Tournee ein Drama unseres Nobelpreisträgers Agnon spielte und ich mich im Zürcher Schauspielhaus einfand, um, voll des patriotischen Stolzes, diesem künstlerischen Ereignis beizuwohnen.

Der Vorhang ging hoch, das Spiel begann, und als er sich nach zwei Stunden unter tosendem Beifall senkte, da wußte ich alles Wissenswerte über die wunderbare Welt der Schweizer Katzen.

Meine diesbezüglichen Bildungslücken begannen sich just in dem Moment zu schließen, da sich auf der Bühne die erste zarte Knospe der Liebe entfaltete. Mein Nachbar zur Linken beugte sich an mein Ohr und flüsterte mir leidenschaftlich zu:

»Wissen Sie, ich bin zwar nicht mosaischen Glaubens, und ich verstehe auch kein Wort Hebräisch, aber ich bin hingerissen!«

Ich ordnete den Mann gedanklich in die schütteren Reihen der sympathischen Philosemiten ein. Mein dankbarer Blick fiel auf einen der typischen Schweizer unserer Tage. Sein schnurgerader Mittelscheitel schien vom Erbauer eines alpinen Tunnels gezogen worden zu sein. Seine Begeisterung erschien mir durchaus ehrlich zu sein. Um so erstaunter war ich, als er plötzlich mitten im ersten Akt aufstand und sich mit etlichen »Pardons« an den Knien der Zuschauer vorbei dem Ausgang entgegenzwängte.

»Bitte, mein Herr«, flüsterte er mir vor seinem Abgang zu, »halten Sie meinen Platz frei.«

Vielleicht ist's die Natur, die auf ihr Recht pocht, sagte ich mir. Doch nein, eine kurze Weile danach – auf der Bühne tobte eben ein höchst dramatischer Konflikt –, da hörte ich wieder etliche »Pardons« näherkommen, und eine mir völlig unbekannte Dame nahm den Sitz zu meiner Linken ein.

»Grüezi, alles in Ordnung«, wisperte sie mir zu, »ich bin seine Gattin.«

Des Rätels Lösung wurde mir in der Pause offenbart, als mich meine neue Nachbarin im Foyer zu einer Erfrischung einlud, um mir über ihr Limonadenglas hinweg folgendes zu erläutern:

»Es ist wegen Lucy«, begann sie, »so heißt unsere Katze. Einfach Lucy. Sie verträgt es nicht, alleingelassen zu werden. Also wechseln wir uns immer ab, Martin und ich.«

Ich suchte nach irgendeiner versteckten Ironie in ihren Worten, aber vergebens. Oder vielleicht war sie zu gut versteckt. Martins Gattin war offensichtlich nicht nach Scherzen zumute. Sie blieb völlig ernst. So ernst, wie eben nur eine Zürcher Bürgerin zwischen

zwei Akten eines hebräischen Theaterstückes sein kann.
»Gestatten Sie mir die Frage«, gestattete ich mir zu fragen, »was würde geschehen, wenn Sie Lucy allein ließen?«
»Sie würde sich langweilen. Sie ist an unsere Gesellschaft gewöhnt, seit sie ganz klein war.«
Und wieder: die totale Sachlichkeit. Keine Ironie, kein Schimmer eines Lächelns, nicht einmal die Spur eines Gänsefüßchens vor den Worten.
Ich nahm zur Kenntnis, daß die Dame Schweizerin ist und als solche andere Probleme hat als Unsereiner. Aber . . .
»Aber«, versuchte ich es nochmals vorsichtig, »bringt das nicht Ihre Lebensgewohnheiten durcheinander? Ich meine Ihre Ehe und so . . .«
»Das wohl«, konzedierte meine Sitznachbarin, »aber schließlich haben wir gegen Lucys Willen geheiratet.«
Und nun enthüllte sie mir die ganze Geschichte. Als Martins heutige Gattin noch Junggesellin war, ließen sich ihre Eltern scheiden. Papa erhielt das Sorgerecht für die Villa und den Wagen, Mama hingegen bekam Lucy. Dann aber verliebte sich Mama in einen Arzt, der seine Wohnung nie verlassen konnte, weil sein Papagei sonst melancholisch würde und sich die Federn ausrupfen könnte.
Also mußte Mama beim neurotischen Papagei einziehen, während das Sorgerecht für Lucy an die Tochter delegiert wurde. Woraufhin die Tochter nie mehr ihre

Wohnung verlassen konnte, aus Angst, daß sich die Katze langweilen könnte.

»Martin«, vertraute mir meine Nachbarin an, »hat mir übrigens zwei Jahre lang über die Gegensprechanlage an der Haustür den Hof gemacht.«

Fast gegen meinen Willen begann mich die Sache zu faszinieren.

Ich hatte einmal eine haarsträubende Gruselgeschichte von Edgar Allan Poe gelesen, die davon handelte, daß ein Mann sich einen Keller baute und in einem Anfall von Zerstreutheit eine schwarze Katze einmauerte. Zum erstenmal begann ich dieser Zerstreutheit ein gewisses Maß von Verständnis entgegenzubringen.

»Ich hoffe, Sie nicht mit meiner Neugier zu belästigen«, sagte ich, »aber warum konnte Martin nicht heraufkommen? Ich meine, warum mußte er bei der Gegensprechanlage verweilen?«

»Weil er einen Hund hatte.«

Überflüssig anzumerken, daß auch dieser Hund Schweizer war und sich daher strikt weigerte, von irgend jemand anderem spazierengeführt zu werden als von Martin.

An dieser Stelle dürfte es sich als opportun erweisen, den Fluß der Handlung zu unterbrechen, um die Lage kurz zusammenzufassen.

Also der Arzt hatte Hausarrest wegen Polly, dem traurigen Papagei. Mama zog es zu dem in seiner Bewegungsfreiheit eingeschränkten Arzt, ihre Tochter hingegen wurde als Gesellschaftsdame für die einsame

Lucy verpflichtet, wohingegen Martin mit seinem Hund auf der Straße stand und durch einige kleine Löcher in der Haustür süße Worte wisperte.
Was mich betraf, so stieg meine Ehrfurcht vor Edgar Allan Poe ins Unermeßliche.
»Natürlich hätten wir gerne geheiratet, Martin und ich«, erinnerte sich Frau Martin, »aber wir mußten wegen Lucy und dem Hund noch manches Jahr warten.«
»Aber«, ich blieb hartnäckig, »haben Sie, gnädige Frau, niemals erwogen, einen von beiden aufzugeben? Ich meine den Hund oder die Katze . . .«
»Was? Sich von einer lebenden Kreatur trennen, die von einem abhängig ist? Niemals!«
Es handelt sich um Schweizer, wie gesagt. Martin und sein Hund, Frau Martin und Lucy, die Katze, ebenso wie die Mama und der Arzt. Sogar Polly, der Papagei. Alles Schweizer. Sie haben 700 Jahre lang keinen Krieg geführt und mit irgend etwas *muß* sich der Mensch doch befassen, oder?
Gegen Ende der Pause zeichnete sich die ersehnte Lösung ab. Martins Hund segnete wegen hohen Alters das Zeitliche. Der gebrochene Mann wollte sich das Leben nehmen und erhängte sich, doch seine stark entwickelte Nackenmuskulatur rettete ihn, und es kam endlich zu jener langersehnten Hochzeit, die ja schon über die Gegensprechanlage in allen Details besprochen worden war.
»Die Schwierigkeit war nur die«, erklärte meine Nachbarin, »daß Lucy gewisse Vorbehalte gegen Martin hatte.«

Wer weiß, vielleicht roch sie den verblichenen Hund an seinen Kleidern. Vielleicht nahm sie aber auch Anstoß an seinem alpinen Mittelscheitel. Wie auch immer, Martin mußte lange Monate um Lucys Zuneigung ringen. Noch heute geht Martin täglich in die Altstadt, um beim Katzenfleischer für Lucy frische Hühnerleber zu erstehen.

Stolz holte Frau Martin einige Fotos von Lucy hervor. Ich merkte sofort, an wen mich Lucy erinnerte: an jede beliebige andere Katze dieser Welt.

Frau Martin blickte auf die Uhr.

»Du meine Güte, ich habe doch meinem Mann versprochen, ihn um zehn Uhr abzulösen!«

»Haben Sie«, ich wagte noch einen letzten Versuch, »haben Sie es jemals mit einem Babysitter für Katzen versucht?«

»Aber natürlich. Es war ein sehr nettes Mädchen, eine diplomierte Katzen-Nurse. Wir nahmen sie für einen ganzen Monat ins Haus, damit sich Lucy an sie gewöhnen könnte, aber es war zwecklos. Wenn Lucy nur ihre Stimme hörte, wurde sie ganz blaß. Das arme Tier reagierte nämlich allergisch auf ihre Haare. Es war übrigens nett, Sie kennenzulernen. Auf Wiedersehen.«

Ich stand allein da und ließ mir die Probleme durch den Kopf gehen. Schließlich ist doch niemand vollkommen. Die Briten etwa sind unzurechnungsfähig, wenn's um Cricket geht, und die Österreicher sind leicht intrigenanfällig. Warum also sollen die Schweizer keine Katzen-Narren sein? Ich glaube, irgendwo

gehört zu haben, daß jede Schweizer Stadt ihren eigenen Katzenfriedhof mit marmornen Grabsteinen und echten Goldbuchstaben besitzen soll. Soweit ich unterrichtet bin, hat man den Katzen noch kein Wahlrecht eingeräumt, aber es ist nur eine Frage der Zeit. Es wird gemunkelt, daß man in absehbarer Zeit wenigstens den Katern . . .
Eine gewisse diesbezügliche Unruhe läßt sich nicht vertuschen. Ein bekannter Schauspieler aus Schaffhausen wollte vor zwei Jahren seine Siamkatze heiraten. Es gab einen Riesenskandal in der Presse, als die »Blick«-Zeitung herausbekam, daß das Brautkätzchen noch minderjährig war. Fragen Sie lieber nicht . . .
Martin erschien wieder. Mit einem frischgezogenen Scheitel und einem Lied von Lucy auf den Lippen.
»Sie dürfen nicht etwa annehmen, daß wir sie blindlings lieben«, versicherte er mir. »Natürlich sehen wir auch alle ihre Fehler. Aber für uns stellt sich eine einfache Frage: Wollen wir ein frustriertes Haustier in unserer kleinen Wohngemeinschaft oder eine fröhliche und lebenslustige Kameradin? Es ist doch klar, daß uns letzteres einige kleine Opfer aufbürdet . . .«
Etwa damals, als Martin – der nebenberuflich übrigens ein anerkannter Architekt ist – das begehrte Band der französischen Ehrenlegion bekommen sollte, und zwar für den Bau der einen Hälfte der französischen Botschaft in Bern. Die andere Hälfte mußte von einem anderen gebaut werden, da Lucy zu der Zeit an Lungenentzündung erkrankt war.
Das ist jedoch unwichtig. Wichtig ist vielmehr, daß die

aufregende Nachricht kam, der Termin festgesetzt wurde und Martin dann feststellen mußte, daß die Feierlichkeit ausgerechnet an jenem Tag stattfinden sollte, an dem Lucys Geburtstag war ...

»Ich bat die Leute, die Ordensverleihung um einen Tag zu verschieben«, erzählte mir Martin traurig, »aber Frankreichs Präsident schlug mir meine kleine Bitte ab.«

»Ach«, ich heuchelte Verständnis, »was kann man von einem französischen Präsidenten schon anderes erwarten? Aber hätten Sie Lucy nicht zu dieser Veranstaltung mitnehmen können? Vielleicht hätte sie gedacht, daß die Militärparade zu Ehren ihres Geburtstages stattfindet.«

»Natürlich haben wir auch das erwogen. Aber wer weiß? Wenn es da geregnet hätte ...«

Eine Katze im Regen? Sogar ich mußte die Absurdität meines Vorschlags einsehen.

»Wir haben sogar auf Kinder verzichtet«, fügte Martin auf dem Weg zurück in den Saal hinzu, »denn es hätte sich mit Lucys Tagesordnung einfach nicht vereinbaren lassen. Ihre festen Spielstunden sind von drei bis halb acht ...«

»Morgens?«

»Nein, nachmittags. Außerdem leiden wir beide an chronischer Erschöpfung, da Lucy uns nicht schlafen läßt. Jede Nacht springt sie einige Male zu uns ins Bett und leckt uns die Nasen. Sie sucht halt auch Liebe ...«

Anscheinend bekommt sie bei Familie Martin nicht genug davon.

Auf der Bühne ist inzwischen das Drama voll erblüht. Ich aber versank in meinem Stuhl und dachte über die Mentalität der Schweizer nach. Wie funktionieren sie eigentlich, wenn überhaupt? Auf den ersten Blick hatten sie mit uns Israelis ziemlich viel Gemeinsamkeiten.

Auch die Schweiz ist ein kleines Land mit ethnischen Problemen. Auch die guten Schweizer müssen, so wie wir, jedes Jahr ihren Militärdienst leisten. Auch in der Schweiz hat sich die Inflation, wie bei uns, im letzten Jahr verdreifacht und beträgt nun beachtliche sechs Prozent.

Und doch, alles in allem, unterscheiden sich die Schweizer irgendwie von uns Israelis. Vielleicht steckt eine Frage der Motivation dahinter. Wir werden langsam erwachsen, die Schweizer haben das nicht nötig. In Israel ist alles für die Katz, in der Schweiz ist alles für das Kätzchen.

Man kann sich einen Hund halten, aber Katzen halten sich Menschen, denn sie betrachten sie als brauchbare Haustiere.

Jenny de Vries

Martina Magyari

Micki spart Strom

Auf dem Transformatorenhäuschen der Elektrizitätswerke, das von Efeu umwachsen war und auf dem Steinweg hinter der Hangwiese stand, saß Micki und schaute sich den Morgen an. Der Morgen war frisch gewaschen nach dem nächtlichen Regen und schien Micki anzulächeln.

Von hier aus konnte man die ganze gewundene Straße entlangsehen.

Micki war schon früh auf den Beinen gewesen. Das Häuschen gehörte zu einem seiner Lieblingsplätze. Als geborener Katereinzelgänger sah Micki gern die Dinge auf Distanz, hatte jedoch alles im wachsamen Blick.

Der Herbstmorgen sang in den Efeublättern, flüsterte in den umstehenden Büschen, kokettierte mit dem bunten Herbstlaub an den Ahornbäumen. Micki hörte zu, war eins mit sich und der Welt und wäre beinahe in seinen Döszustand verfallen, in dem er sich selber ausknipste wie ein Licht. Dann war er weit entfernt von der Realität, in seinem übersinnlichen Katzenreich.

Aber, bevor Micki sich einrollte wie ein makelloses C, kam ein Auto der Stadtwerke direkt auf das Transformatorenhäuschen zu.

Micki flüchtete in den Ahornbaum, das Fell gesträubt wie eine gegen den Strich gebürstete Punkerfrisur. Seine Schnurrhaare vibrierten ärgerlich wegen dieser Störung.
Wie konnte dieses laute Ungetüm es wagen, ihn aus seiner Katermeditation herauszureißen? Zwei Männer mit Reinigungzubehör stiegen aus, gingen zum Häuschen und schlossen die Eisentür auf. Auf dem viereckigen Häuschen war noch eine Klappe, die jetzt von innen geöffnet wurde.
Micki beobachtete alles genau, verhielt sich jedoch so still, daß niemand ihn bemerkte. Es summte so schön gleichbleibend und beruhigend aus dem Häuschen, und Micki stellte zu seinem Erstaunen fest, daß das Transformatorenhäuschen beinahe genauso gut wie er schnurren konnte.
Die Männer begannen mit ihren Wartungs- und Reinigungsarbeiten. Dann legten sie eine kurze Pause ein und gingen zum Auto.
Micki sondierte das Terrain. Noch immer sang das Häuschen so schön und lockte ihn mit seiner offenen Klappe. Geschmeidig glitt Micki den Baumstamm herunter und sprang dann mit einem kühnen Satz durch die Öffnung in das Innere des Häuschens, in dem ein Marathonoberschnurrer sitzen mußte, der seine Neugier erregte. Den Oberschnurrer wollte Micki kennenlernen.
Vorsichtig schnupperten seine Schnurrhaare, um den Oberschnurrer ausfindig zu machen. Dabei sprang Micki auf eine Art Hebel. Es zischte wütend und gab

eine Stichflamme, so daß Micki entsetzt und blitzschnell zurückprallte. Auf einmal hörte er auch das Schnurren nicht mehr.
Eingehend betrachtete Micki seine rechte Pfote, die ihm bei seinem plötzlichen Absprung weh getan hatte. Er wagte sich nicht zu rühren, war jedoch beim geringsten Geräusch zum Rückzug bereit.
Die Männer im Auto hielten noch immer ihre ausgiebige Frühstückspause, unterhielten sich und aßen dabei ihre Brote.
Herr Anfang kam aus dem Haus, blickte scharf zum Stadtwerkauto hinüber und rief den Männern, die die Tür des Autos offengelassen hatten, laut zu: »Müßt ihr ausgerechnet jetzt den Strom abschalten? Ich wollte gerade Kaffee trinken. Außerdem hättet ihr ja Bescheid sagen können.«
Überall öffneten sich Fenster.
»Wieso hat das nicht in der Zeitung gestanden?« fragte eine Frau. »Da hätte man sich doch darauf einrichten können.«
Die beiden Männer hörten zu essen auf und sahen sich an.
»Hast du den Strom abgeschaltet, Erich?« fragte der Ältere.
»Nee, keine Spur. War doch nicht nötig bei unseren Wartungsarbeiten.«
»Haben die Leute im E-Werk etwa aus irgendeinem Grund generell den Strom abgeschaltet?« wandte der Ältere ein.
Inzwischen war Herr Anfang zum Auto gekommen,

mit rotem, aufgedunsenem Schnapsbrennergesicht.
»Wir haben den Strom nicht abgeschaltet«, bemerkte jetzt der Jüngere zum Herrn Anfang. »Vielleicht hat es irgendeinen Defekt gegeben. Ich werde gleich einmal nachsehen.«
»Darf ich einmal bei Ihnen mit dem E-Werk telefonieren?« fragte sein Kollege Herrn Anfang. Herr Anfang bejahte.
Der ältere der Männer ging mit zu Herrn Anfangs Haus, vom Gebell des Hundes empfangen, während Erich zum Transformatorenhäuschen stapfte. Er nieste lauthals mehrere Male hintereinander.
Micki kauerte gespannt in seinem Winkel, hörte die knirschenden Schritte, das donnernde Niesen und sauste gehetzt aus der Klappe wie eine Sprungfeder in hohem Bogen an dem verblüfften Erich vorbei, in Richtung Heimatwiese, wo er durch seinen eigenen Katzeneingang, der ihn als Junggeselle unabhängig machte, verschwand.
»Das gibt es doch nicht«, sagte Erich laut, ging ins Häuschen, erfaßte als Elektriker sofort die Situation und schüttelte den Kopf.
Inzwischen war sein Kollege herangekommen. »Die im Werk wissen nichts von einem Stromausfall hier«, sagte er.
»Können sie auch nicht«, schmunzelte der Jüngere. »Der Übeltäter war ein Katzenvieh, das wie der Blitz an mir vorbeigesaust ist. Die Katze hat an einem der Transformatoren einen Kurzschluß verursacht. Ein Wunder, daß sie nichts abbekommen hat.«

»Das ist ja ein dicker Hund«, entgegnete der Ältere. Dann machten beide sich daran, den Schaden zu beheben, was in kurzer Zeit geschafft war.
»Was war denn los?« wollte nun auch Herr Anfang wissen. Er wollte immer alles genau wissen, auch Dinge, die ihn nichts angingen.
Erich erzählte Herrn Anfang die Geschichte und brach in schallendes Gelächter aus. »Das habe ich noch nicht erlebt«, sagte er. »Da will uns doch so ein Katzenvieh ins Handwerk pfuschen. Die Katze muß direkt auf den Haupthebel gesprungen sein und hat somit das gesamte Viertel hier lahmgelegt.«
Die Männer von den Stadtwerken lachten im Duett. Nur Herr Anfang lachte nicht. Sein Schnapsbrennergesicht wurde noch röter.
»Wo ist denn die Katze hingelaufen?« fragte er mit verkniffenem Gesicht.
Erich zeigte zum Hanghaus. »Dorthin«, erwiderte er.
»Dachte ich es mir doch«, antwortete Herr Anfang, der Julian und Micki von Anfang an nicht leiden konnte. »Dieser verdammte Kater von dem Kunstmaler ist ein richtiger Unruhestifter«, sagte er erbost. »Dauernd treibt er sich in der Gegend herum, verprellt meinen Hund und läuft unter die Autos. Ein Wunder, daß er noch nicht überfahren wurde. Das ist so ein richtiger unbürgerlicher Kater. Aber wie ›der Herre, so's Gescherre‹«, sagte er hämisch.
»Ja, aber jetzt ist alles wieder in Ordnung«, beruhigte Erich Herrn Anfang.
Die Männer setzten ihre Wartungsarbeiten fort.

Julian hatte von dem Stromausfall nichts mitbekommen. Den ganzen Morgen arbeitete er ununterbrochen im Atelier.

Als er jetzt in die Wohnküche ging, um sich einen Kaffee zu machen, klingelte es herrisch an der Haustür. Draußen stand Herr Anfang.

»Kommen Sie doch herein«, forderte ihn Julian freundlich auf.

»Nicht nötig«, sagte Herr Anfang steif. »Das, was ich Ihnen zu sagen habe, kann ich auch hier sagen.«

Er blieb stocksteif auf der Schwelle des Hauses stehen.

»Schießen Sie los«, ermutigte ihn Julian.

»Wissen Sie, was Ihr verdammter Steunerkater angerichtet hat?« fragte er lauernd mit glitzernden Augen.

»Nein«, erwiderte Julian. »Aber Sie werden es mir sicher gleich sagen. Was hat Micki denn getan?«

»Er hat für mindestens zwanzig Minuten die Stromzufuhr im ganzen Viertel lahmgelegt«, trumpfte Herr Anfang auf und erzählte ihm haarklein Mickis Mißgeschick.

Julian brach in lautes Gelächter aus. Das war wirklich zu komisch.

»Über so etwas können Sie wohl auch noch lachen?« fuhr Herr Anfang mißgelaunt fort. »In Zukunft sollten Sie besser auf diesen Ausbund von einem Kater aufpassen.«

»Katzen sind unabhängige, stolze, freiheitsliebende Tiere. Sie lassen sich nicht an die Leine legen wie Ihr armes Schwein von geducktem Hund.« Julian ließ Mikki doch nicht von diesem Mickmännchen beleidigen.

Jetzt war Herr Anfang beleidigt. Grußlos ging er davon.
Julian knallte die Tür hinter ihm zu, was sonst nicht seine Art war.
Micki sprang erschrocken aus seinem Schlafkorb, wohin er sich nach seinem Morgenabenteuer verzogen hatte und kam auf Julian zugelaufen.
»Entschuldige, Micki«, sagte Julian und streichelte ihn. »Dieser kleinkarierte Spießer bringt mich in Wut.«
Dann setzte sich Julian mit Micki in Tante Kasimiras Sessel und sprach liebevoll auf ihn ein.
»Ich weiß, mein alter Wiesenmauser, du, du hast den Stromausfall nicht beabsichtigt. Es war einfach ein Mißgeschick, wie es jedem Kater und Menschen passieren kann. Du hast es nicht böse gemeint, du wolltest wohl nur Strom sparen helfen?« Jetzt lachte Julian wieder laut.
Julian und Micki blickten sich an. Eine Künstler- und eine Katerseele, die ein Geheimnis verband.

Katzen wurden erschaffen um die Annahme ad absurdum zu führen, daß alles und jede nur dazu da ist, den Männern untertan zu sein.

HERBERT ROSENDORFER

Bilanz

So einen Entschluß faßt man nicht spontan. Das heißt: es mag sein, daß hie und da ein Entschluß so spontan gefaßt und auch ausgeführt wird. Bei einem Mann wie Raimund Späth reift so ein Entschluß langsam heran, schleicht sich zunächst ungenannt in das Bewußtsein ein und wächst dann unheilbar wie der Krebs. Eines Tages ist dann der Entschluß da, ohne daß er eigentlich gefaßt ist. Es ist fast falsch, *Entschluß* zu sagen. Es war keine Aktivität der Gedanken mehr dabei, es war ein Zustand. Es war eben einfach so. Was man allenfalls hätte Entschluß nennen können, also einen datierbaren Einschnitt in Herrn Späths Bewußtsein, war die endgültige Bereitschaft, die bisherige Entwicklung anzuerkennen und den Lauf der Dinge nicht mehr aufzuhalten. Das war an einem Dienstag gewesen. An einem Dienstag – vormittags gegen zehn Uhr – nannte Späth die Dinge, oder vielmehr: das Ding, für sich beim Namen, nannte in Gedanken das Wort.

An sich hatte der Dienstag keine Bedeutung für Raimund Späth. Er saß an Dienstagen genauso an seinem alten Schreibtisch wie an allen anderen Wochentagen und oft auch an Sonntagen. Aber an den Dienstagen, genauer gesagt an Dienstag-Vormittagen schrien immer die Schweine. Späth vermied deshalb nach Möglichkeit, am Dienstag vormittag zu Hause zu sein, aber manchmal war es unumgänglich, wenn er dringende Arbeiten erledigen mußte. Raimund Späth war Buchhalter. Er lebte seit dem Krieg in dieser merkwürdigen kleinen Stadt in den Bergen, in die er, damals noch ein junger Mann, in den Nachkriegswirren verschlagen worden war. Es war eine dunkle, graue und braune Stadt mit hohen Türmen und finsteren Toren. Alles in jener Gegend hatte etwas Gewaltsames: der Wechsel der Jahreszeiten war jedesmal ein Ringen und Toben der Elemente, eine blutige Revolution der Natur. Auch die Jahreszeiten selber, die niederschmetternde Hitze des kurzen Sommers und die unmäßige Kälte des langen Winters, die wie Keulenschläge aufeinander folgten, waren wie von einer düsteren, blinden Wut. Einen Frühling gab es fast nicht, der Herbst war kurz, dafür aber allerdings in manchen Jahren in den finsteren Wäldern um den Ort überirdisch schön, auch wieder fast gewaltsam schön, wenn einsame Bussarde über die flammenfarbenen Hochmoore kreisten.

Der Ort war zu den üblichen Ferienzeiten im Winter und im Sommer einige Wochen lang von Fremden überschwemmt, die ein unpassendes, aufgesetztes, hektisches Leben in die Stadt brachten. Außerhalb der Saison war der Ort tot. Die feindseligen Alteingesessenen zogen sich dann in ihre großen steinernen Häuser mit den alten eisernen Schwellen zurück wie Wespen in ihren Bau.

In diesen Ort war Raimund Späth gekommen, als er

Ende der Zwanzig war. Heute war er einundfünfzig. Es war nicht zu leugnen, daß er es zu nichts gebracht hatte. Man brachte es hier in den seltensten Fällen zu etwas, wenn man nicht ein Alteingesessener war oder wenigstens eingeheiratet hatte. Späth hatte sich als Buchhalter etabliert, und zwar als quasi Wander-Buchhalter. Er machte für ein paar mittlere und kleinere Läden und Handwerker, bei denen es sich nicht rentierte, einen festen Buchhalter einzustellen, die Bilanzen und für manche auch die Korrespondenzen, was eben so anfiel. Bei manchen seiner Kunden arbeitete er dort, meistens nahm er aber die Sachen mit nach Hause, wo er dann vor seinem alten dunkelbraunen Schreibtsich saß, den er einmal beim Konkurs eines seiner Kunden für seinen ausstehenden Lohn bekommen hatte.

Bald nachdem er in den Ort gekommen war, hatte Späth geheiratet. Auch seine Frau war keine Alteingesessene. Sie war ein paar Jahre älter als er, heute war sie eine Greisin. ›Sie ist eine Greisin‹, sagte Späth oft zu sich selber, ›eine Greisin.‹ Kinder hatten sie nicht. Seit langer Zeit – genau gesagt: seit vier Jahren nach ihrer Hochzeit – wohnten sie in dieser Wohnung in einem kleinen Haus, das dicht am Fuß des Hügels stand, der die eigentliche Altstadt trug. Sie hatten zwei Zimmer. Die Fenster beider Zimmer gingen auf die alte, fahlgelbe Quadermauer hinaus, die einen alten, fast burgartigen Bau stützte, der sich gewaltig über dem kleinen Haus erhob. Zwischen dem Haus und der Quadermauer zog sich ein schmaler Weg nach rechts entlang der Mauer hinauf, der bald zur Stiege wurde und in eines der finsteren Tore mündete. Der Weg und die Quadermauer waren die einzigen Ausblicke der Wohnung. Wenn man sich aus dem Fenster beugte und steil nach oben sah, konnte man den Turm der Burg, die Erker und auch den Himmel sehen.

Aber die Wohnung war eben billig. An den engen Ausblick hatte sich Späth gewöhnt, nicht daran gewöhnt hatte er sich, daß am Dienstag immer die Schweine schrien. In der alten Burg nämlich war ein Metzger, der nicht im Schlachthof, sondern im eigenen Haus schlachtete. Die Schlachträume gingen hinten hinaus und hatten ihre Fenster ziemlich genau über dem kleinen Haus mit Späths Wohnung. Dieser Metzger schlachtete jeden Dienstag. Späth hatte es nie gesehen, aber die Geräusche waren so deutlich, so plastisch, daß er sich alles genau vorstellen konnte. Die Schweine, die wohl ihr Schicksal ahnten, wurden in den heißen, dampfenden, gekachelten Raum getrieben. Die Metzgergesellen sangen und schrien dabei, trieben vermutlich rohe Späße mit den Tieren, die, sobald das erste abgeschlachtet wurde, gräßlich zu schreien anfingen. Kälber und Rinder blökten offenbar nur ganz kurz, und dann war es vorbei. Schweine aber schrien. Es war ein hohes, quiekendes, irgendwie würdeloses Schreien, das leider manchmal sehr menschlich klang. Dann kamen die dumpfen, satten, schmatzenden Schläge. Manchmal entkam, schien's, den Metzgern ein Schwein. Es raste dann wohl verzweifelt im Schlachtraum herum. Es war jedesmal eine große Gaudi für die Metzger, die johlend das Schwein wieder fingen. Immer weniger Schweine schrien, zum Schluß nur noch eins, dann noch ein satter saftiger Schlag, und es war vorbei bis zum nächsten Dienstag.

Anfangs war dieser Dienstagvormittag Raimund Späth auf die Nerven gegangen. Er konnte dann nicht arbeiten, ging außer Haus. Mit der Zeit aber überwand er es, daran gewöhnen konnte er sich nie, und den Schinken kaufte er immer bei einem anderen Metzger, obwohl der Schinken des Metzgers in der Burg als der beste galt.

Raimund Späth hatte es zu nichts gebracht. Nicht, daß er nicht fleißig gewesen wäre, es waren eben die Möglichkeiten beschränkt. Es gab außer ihm noch zwei oder drei freie Buchhalter in dem Ort. Die Kunden wurden aber nicht mehr. Es war nicht zu übersehen, daß Späth vor einigen Jahren das volle Maß seiner Möglichkeiten ausgeschöpft hatte. Mehr würde er nicht erreichen. Es zeichnete sich eher ein Abwärts-Trend ab, denn die mittleren Unternehmen wuchsen, stellten feste Buchhalter an, und Späth war ja auch nicht mehr der Jüngste. Er versuchte, seinen Tätigkeitsbereich geographisch zu erweitern. Er mußte sich deswegen ein Motorrad, später wegen seines Nierenleidens statt dessen ein kleines Auto anschaffen, und das schluckte fast mehr, als die Arbeit in den Nachbargemeinden brachte.

Als es einmal ganz schlecht aussah – das war vor zwei Jahren gewesen, als Späth binnen eines Monats vier

Kunden verloren hatte –, ließ er sich von einem kleinen Winkeladvokaten, einem seiner ältesten Kunden, der nebenbei auch ein wenig Grundstücke makelte und – meist halbseriöse – Geschäfte vermittelte, dazu verleiten, »Steuermanipulationen« mitzumachen. Der Winkeladvokat war auf ein gewisses System gekommen, wie man Steuerrückvergütungen erschwindeln konnte, das konnte er aber nicht ohne seinen Buchhalter verwirklichen. Er bot also dem Buchhalter die Beteiligung an dem angeblich harmlosen und völlig ungefährlichen Schwindel an. Raimund Späth stand vor der Wahl, entweder das illegale Geschäft mitzumachen oder in dem Monat den fünften Kunden zu verlieren. Er hätte dann wohl auch das Auto hergeben müssen, hätte die Arbeit bei den Kunden außen nicht mehr machen können, das Fernsehgerät und eine etwas voreilig angeschaffte Sitzgarnitur in gestreiftem Kunstleder waren noch abzuzahlen . . . Späth konnte nicht anders, als die Beteiligung an des Winkeladvokaten Manipulationen zu akzeptieren. Er konnte nicht anders, aber kriminell war es, streng genommen, doch. Vielleicht war das damals der heimliche Anfang des Entschlusses, denn Späth gewöhnte sich an den Gedanken, daß er Mitwisser und sogar Gehilfe eines gar nicht so arg kleinen Betruges war, fast noch weniger als an das Geschrei der Schweine am Dienstagvormittag, zumal die Ausbeute aus dem Schwindel für Späth eher kärglich war. Der Winkeladvokat hielt ihn kurz, denn leider konnte Späth nicht verbergen, daß er mehr Angst hatte als sein schäbiger Kunde.

Zwei Jahre ging der Schwindel gut. Er ging auch noch dieses Jahr gut, aber Späth, der ja in mehrere Betriebe Einblick hatte und dadurch auch einen besseren Überblick über das Gebaren des Finanzamtes, bemerkte so um März herum – vorsichtige Anfragen bestätigten seine Beobachtung –, daß die Revisoren nur Firmen, die mit »G« anfingen, überprüften. Sie machten also heute nicht Stichproben wie sonst, sondern hatten sich eine zwar zufällige, aber fest umrissene Gruppe herausgegriffen. Späths Winkeladvokat hieß Grillhuber (*Dr.* Grillhuber ließ er sich nicht ungern nennen, obwohl er keinen Dr. hatte). Es wäre vielleicht noch Zeit gewesen, wenn schon nicht den ganzen Schwindel, so doch seinen Umfang durch neuerliche Manipulationen zu vertuschen. Aber Raimund Späth wollte nicht mehr.

Irmgard war Verkäuferin in einem kleinen Papier-und Zeitungsladen (nebst »Leihbücherei«), den Späth »buchhalterisch« – merkwürdigerweise wird das Wort unter Buchhaltern in jenem Landstrich auf der dritten Silbe betont – betreute. Späth kannte – als Bearbeiter ihrer Lohnunterlagen – selbstverständlich ihre Daten. Sie war genau in dem Monat geboren, in dem er in die Stadt kam. Ein Vierteljahr, nachdem Späth sie zum ersten Mal gesehen hatte, sagte er ihr das. Irmgard schien nicht beeindruckt. Späth bereute es sofort, so etwas offensichtlich Plumpes gesagt zu haben.

»Ich meine nur«, sagte er, und machte wohl alles nur schlimmer, weil er bis über die Glatze rot dabei wurde, »ich meine nur: was für ein Zufall.«

Späth glaubte sich nicht zu täuschen, als er das nächste Mal, da er in den Laden kam, Irmgard und die andere Verkäuferin hinter seinem Rücken kichern hörte.

Ein Mann von einundfünfzig Jahren, auch wenn er nur Buchhalter, klein, glatzköpfig und kurzsichtig ist, kann verliebt sein wie ein Zwanzigjähriger. Aber wehe, wenn er es zeigt. Die Zwanzigjährigen balzen auf der Straße herum, und alles lächelt: »San halt a so, die jungen Leut.« Bei einem Einundfünfzigjährigen heißt es nur: »Der verliebte alte Trottel.« Jahrhunderte der Commedia dell'arte haben davon gelebt, sich über einen alten Mann lustig zu machen, dessen einziges Verbrechen darin bestand, auch verliebt zu sein. Warum? Es scheint, als sei Jungsein ein Verdienst. »Die Menschheit ist ein primitives Volk«, dachte sich Raimund Späth. Es war einer seiner Lieblingssprüche: »Die Menschheit ist ein primitives Volk. Vielleicht werde ich mir das auf den Grabstein meißeln lassen.«

So kam alles zu allem, und eines Dienstagvormittags, als aus dem düster-fahlgelben Turm die Schweine schrien, faßte Raimund Späth den Entschluß. Das heißt: er stellte fest, daß er den Entschluß gefaßt hatte. Es war ein finsterer Märztag, der Schnee war schon aufgeweicht, aber der Himmel war mit jenen schwefelfarbenen Wolken verhangen, die einen Schneesturm ankündigen, der dann auch bald kam und die Welt in die kalte Enge des tiefen Winters zurücktrieb. Es gibt Momente, in denen auch ein Wander-Buchhalter von einundfünfzig Jahren ›außer sich‹ ist. Raimund Späth sah zwei Gestalten draußen im beginnenden Schneegestöber: ein junges, schlankes Mädchen in hohen, engen Stiefeln, wie sie jetzt Mode waren, und einen alten Mann in einem abgetragenen Fischgrätenmuster-Mantel, mit einer abgewetzten Aktentasche und auf dem Kopf einen viel zu breitrandigen braunen Hut. Es half nichts, daß der alte Mann den unkleidsamen Hut abnahm, denn die Glatze darunter war noch weniger kleidsam. Irmgard und der Buchhalter Späth. Es war außer jeder Frage, daß er – Späth – keine *Attraktion* für Irmgard war und auch nie werden konnte. Vielleicht war der Moment dieser Erkenntnis der Moment, in dem es sich in Raimund entschied, ›freiwillig aus dem Leben zu scheiden‹, wie es verschämt in bürgerlichem Sprachgebrauch heißt. Da war aber noch eine dritte Gestalt im Schnee: ein kleiner schwarzer Schatten. Der sollte später Bedeutung erlangen.

Raimund Späth entschied sich fürs Erhängen. Als Ort wählte er den Dachboden. Dort war ein geeigneter freier Balken in genügender Höhe. Späth kaufte eine Wäscheleine und nahm einen Hocker mit auf den Dachboden. Er würde auf den Hocker steigen und, nachdem er die zuvor am Balken befestigte Schnur um den Hals geschlungen, den Hocker mit dem Fuß wegstoßen. Die Wäscheleine war, in saubere Schlingen gelegt, in eine Klarsichtfolie verpackt. Späth beließ sie vorerst in der Folie, die Leine sollte nicht staubig werden. Späth wollte sich nicht mit einer staubigen Leine aufhängen, und es war noch einiges zu tun. Er ver-

wahrte die Leine und den Hocker in einer Ecke des Dachbodens und stieg wieder hinunter. –
Ein Testament brauchte Späth nicht zu machen, denn erstens hatte er nichts, und zweitens war ja nur seine Frau da, und die war Erbin von Gesetzes wegen. Die Lebensversicherung war in Ordnung. Margarethe Späth würde nicht viel bekommen, aber sie würde nicht verhungern. Sie konnte außerdem nach seinem Tod das eine Zimmer untervermieten. Die Lebensversicherung wurde auch fällig – Späth las nochmals genau den Versicherungsvertrag durch (auch das Kleingedruckte) –, ›wenn der Tod des Versicherungsnehmers durch dessen eigene Hand eintritt‹. Mit den monatlichen Versicherungsbeiträgen war Späth immer, auch in schlechteren Zeiten, auf dem laufenden geblieben. Das Finanzielle war soweit klar, nur: der neue Herd und das Farbfernsehgerät waren noch nicht abbezahlt. Der Herd war dringend notwendig gewesen, das Farbfernsehgerät hatte Margarethe – kaum daß jenes Gerät, von dem oben die Rede war, bezahlt war – ertrotzt. Margarethe liebte Quiz-Sendungen, und es war ihr unerträglich, daß sie einen bestimmten Quiz-Meister, jetzt, wo das möglich war, nicht in Farbe sehen konnte. Die Begründung Margarethes, das Gerät amortisiere sich dadurch, daß sie bei sämtlichen Fernsehlotterien und ähnlichem mitmache, bestach Raimund nicht, denn Margarethe hatte bislang nicht mehr als einmal einen Kugelschreiber und zweimal eine Großpackung Waschpulver gewonnen. Nichts konnte Raimund Späth aber gegen das Ar-

gument Margarethes einwenden: sie habe ja sonst nichts vom Leben. Also wurde das Fernsehgerät gekauft. Für den Herd waren nicht mehr viel Raten zu bezahlen, wohl aber für den Farbfernseher. Auch das, beschloß Raimund, wird er vorher noch bereinigen. Er rechnete nach, zählte die Raten zusammen und kalkulierte den Nachlaß für vorzeitige Ratenzahlung ein: wenn er sein Auto günstig verkaufen konnte, würde er die noch ausstehenden Raten bezahlen können.
Er befestigte einen Anschlag mit Kaufpreis usw. innen am Fenster seines Wagens, rückte auch eine kleine Annonce in das Bezirksblatt ein. Das Wichtigste aber: er wickelte seine Geschäftsbeziehungen zu den Kunden außerhalb der Stadt – die er ohne Auto nicht mehr bedienen konnte – ab. Es war ihm schmerzlich, aber irgendwie befriedigte ihn dieser ordentliche, saubere Abschied, von dem niemand ahnte. Bei allen auswärtigen Kunden ging die Abwicklung schnell vor sich, nur bei einem war die Jahresbilanz zu erstellen, bei der gewisse Schwierigkeiten auftauchten. Ein anderer Buchhalter hätte unverhältnismäßig lang gebraucht, sich einzuarbeiten. Späth hätte es als unkorrekt betrachtet, diese Bilanz nicht mehr zu erledigen. Am 30. April mußte die Bilanz erstellt sein. Späth setzte also den Termin seines Selbstmordes auf den 1. Mai fest. Dummerweise war gerade dieser Kunde (es war ein allumfassender Lebensmittel- und Landwirtschaftsbedarf-Laden) in einem kleinen Nest, das durch öffentliche Verkehrsmittel außerordentlich ungünstig zu erreichen war. Späth mußte also sein Auto bis Ende

April behalten, wodurch sich wiederum die vorzeitige Ratenzahlung für Herd und Farbfernseher verzögerte. Ausgerechnet beim letzten Mal, als Späth zu dem Laden in das Nest fuhr (so um den 27. April herum), beobachtete ein unvorsichtiger Bauer, der mit seinem Traktor von einem Feldweg in die Straße einbog, den Verkehr nicht sorgsam genug und fuhr Späth an den Wagen. Es war nicht viel passiert, aber immerhin war der rechte vordere Kotflügel von Späths Wagen beschädigt. Der Bauer gab nach einigem Hin und Her (mit leidvollen Ausführungen über die darbende Landwirtschaft) zu, daß er schuld sei, außerdem hatte ein Straßenarbeiter den Unfallhergang gesehen und stellte sich zur Verfügung, Späths Unschuld an dem Unfall zu bezeugen. Da der Schaden nicht sehr hoch war, zahlte die Versicherung des Bauern zwar anstandslos, aber Späth mußte den Wagen, bevor er ihn verkaufte, herrichten lassen. Ein wenn auch unverschuldeter eingebeulter Kotflügel drückt den Preis.

Die Reparatur nahm vier Tage in Anspruch, die Versicherung zahlte nach weiteren acht Tagen. Der erste Mai war längst verstrichen.

Raimund Späth ging – am ersten Dienstagvormittag im Mai – auf den Dachboden und kontrollierte den Hocker und die immer noch in saubere Folie verpackte Leine.

– 1. Juni, sagte sich Späth. Die Sache mit dem Auto war nämlich gar nicht das eigentlich Aufhaltsame. Späth, der seine auswärtigen Kunden ›abgestoßen‹ hatte, mußte sich für die ›Übergangszeit‹, wie er es nannte –

ein tiefer Gedanke, diese Spanne Übergangszeit zu nennen – einen finanziellen Ausgleich herbeiführen. Er nahm deshalb eine befristete Arbeit in einer größeren Firma an, die gerade verkauft werden sollte und bei der irgendwelche unvorhergesehenen buchhalterischen (auf der dritten Silbe betont) Bereinigungen vorgenommen werden mußten, für die das fest angestellte Personal nicht ausreichte.

Als der erste Juni herannahte, das Auto verkauft und die noch ausstehenden Raten für Herd und Farbfernseher getilgt waren, stellte sich erstens heraus, daß die befristete ›Übergangs‹-Arbeit schwieriger und langwieriger war, als man und insbesondere als Späth ursprünglich gemeint hatte. Da Späth sich nicht auf eine gewisse Zeit, sondern bis zur Fertigstellung dieser Arbeit der betreffenden Firma verpflichtet hatte, wurde es schon deswegen auch mit dem 1. Juni nichts. Zweitens verschwand Mitte Juni Herr Winkeladvokat ›Dr.‹ Grillhuber spurlos aus der Stadt. Er hatte wohl von anderer Seite von der drohenden Revision durch das Finanzamt Wind bekommen. Selbstverständlich geriet Späth sofort in den Sog des Ermittlungsverfahrens. Nun war es Raimund Späth nicht um die Reinheit seines Namens und Andenkens zu tun. Es war ihm völlig klar, daß, wenn es ihm gelungen wäre, vor der Grillhuberschen Revision ›freiwillig aus dem Leben zu scheiden‹, Grillhuber sich auf Kosten des toten Späth herausgeredet hätte. Jetzt aber, da ein Ermittlungsverfahren gegen den flüchtigen Grillhuber und auch gegen ihn, Späth, lief, wäre es Späth unerträglich

gewesen, vor Bereinigung der Sache sich umzubringen. Das wäre für das Gefühl Späths etwa so gewesen, als hätte er sich mit einem staubigen Strick aufgehängt.
Die Sache ging übrigens ziemlich glimpflich ab. Die Finanz-Revisoren, bei denen der bescheidene und harmlose Späth eher beliebt war, gingen von vornherein davon aus, daß – das war ja im Grunde auch richtig – Grillhuber der eigentliche Gauner war. Späth brauchte sich fast nicht auf Kosten des verschwundenen Winkeladvokaten herauszureden, dann wurde die Sache, soweit sie Späth betraf, niedergeschlagen. Das war gegen Ende Juli. Mitte Juli aber war – drittens – der ganz große Triumph in Margarethe Späths Leben eingetreten: sie gewann einen Preis.
Margarethe Späth verfolgte nicht nur mit Passion die Quiz-Sendungen im Fernsehen, sie beteiligte sich ebenso gewissenhaft wie leidenschaftlich an allen Wettbewerben, mochten sie geartet sein, wie sie wollten.
»Warte!« hatte Späth gesagt, früher, als er noch mehr mit ihr redete, »warte! du gewinnst womöglich ein Akkordeon. Und was dann?«
Margarethe Späth ließ sich nicht abhalten. Auch auf die Gefahr, ein Akkordeon zu gewinnen, füllte sie die vorgedruckten, beim Gemischtwarenhändler verteilten oder Zeitschriften beigelegten oder sonstwie ins Haus gekommenen Reklame-Wettbewerbs-Karten aus und brachte sie unermüdlich zur Post. Abgesehen von dem schon erwähnten Kugelschreiber und den beiden

Großpackungen Waschpulver – die auf Fernsehlotterien zurückzuführen waren – verfügte Margarethe Späth über eine bereits recht reichhaltige Sammlung von Trostpreisen in Form von Schlüsselanhängern, nichtrostenden Aschenbechern, Plastik-Einkaufstaschen und Patent-Dosenöffnern, als der Triumph, das ganz große Glück, eintraf. Das heißt: das ganz große Glück, also der erste Preis, wäre eine Reise nach Hongkong (inklusive Rundfahrt mit Dschunke im Hafen) gewesen. Margarethe gewann den zweiten Preis: einen Flug für zwei Personen nach Holland zur Tulpenblüte.
Ein Vertreter der Firma, die das Preisausschreiben veranstaltet hatte, kam ins Haus, brachte Blumen und Glückwünsche, auch eine Fahrkarte in die Hauptstadt, wo Margarethe den eigentlichen Preis im Rahmen einer Feierstunde entgegennehmen durfte. Raimund Späth wollte gleich – er argumentierte: im August blühen auch in Holland keine Tulpen – den Preis in Geld umwandeln lassen, aber erstens ging das nach den Wettbewerbsvorschriften nicht, und dann hätte sich Margarethe nie dazu bereit gefunden. »Wenn du nicht mitfahren willst, fahre ich eben alleine, und die anderen Gutscheine verfallen eben.« Die Gutscheine und das Flugbillett verfallen zu lassen, wäre Raimunds Natur hart gegen den Strich gegangen. Sie fuhren also, zunächst mit dem Zug in die nächste Stadt mit Flughafen, von dort mit dem Flugzeug nach Amsterdam. Die Tulpen blühten tatsächlich nicht mehr, aber es war dennoch eine große Aufregung. Für die Reise ließ sich

Margarethe einen Hut aus weißem Netz, das mit Veilchen und Maiglöckchen bestickt war, machen. Während sie unten den Hut vor der Abreise auf den Kopf drapierte, betrachtete Raimund auf dem Dachboden den Hocker und die Leine.

»1. September«, sagte er leise und blies den Staub von der Klarsichtpackung. –

Der September war anfangs heiß, ein später, aber vollgültiger Ausläufer des Sommers. Der wolkenlose Himmel war, wie nicht selten im Herbst, tiefblau, von einem düsteren, drückenden Blau: ein transparentes blaues Tuch, das die schwarze Tiefe des Abgrunds durchschimmern ließ. ›Oben‹, und ›Abgrund‹ sind ja keine Widersprüche, wenn man in Kategorien des Alls rechnet. Erst um die Septembermitte schlug das Wetter um. Es wurde regnerisch und bald kalt. Es war diesmal ein Mittwochvormittag, und die Schweine schrien, denn der Metzger hatte am Dienstag ein Firmenjubiläum gefeiert und schlachtete ausnahmsweise am Mittwoch. Raimund Späth saß an seinem Schreibtisch und schaute in den Regen hinaus. Der Wind schlug den Regen gegen die Quadern der Burg-Mauer, deren Verputz bald eine nicht zu beschreibende Nicht-Farbe aus Fahlgelb und Grautönen annahm. Raimund Späth schaute – zwangsläufig, denn er konnte durch sein Fenster kaum woanders hinschauen – auf die Stelle, wo damals die drei Gestalten erschienen waren. Irmgards und Späths Schemen waren längst verschwunden. Nur der kleine schwarze Schatten war wieder da. Es war eine kleine Katze, die, so gut es ging,

in einer Mauerecke saß, in die der Regen nicht so heftig fiel.
Späth stand auf und ging unmittelbar ans Fenster. Nun bemerkte die Katze ihn, legte den Kopf schief und schaute zum Fenster herauf. Wahrscheinlich war die Katze gar nicht so klein, sie war nur abgemagert, völlig durchnäßt und wirkte nur klein. Raimund Späth nahm seinen Regenschirm, ging hinunter, ums Haus herum und dorthin, wo die Katze saß. Sie kam ihm bereits entgegen und folgte ihm ins Haus. Am Fuß der Treppe hob Späth die Katze auf und trug sie hinauf.
»Sie heißt Sophia«, sagte er zu seiner Frau.
»Du wirst wohl nicht dieses Vieh in der Wohnung halten wollen?« sagte die Frau.
»Doch«, sagte Späth.
»Das Vieh kommt mir nicht in die Wohnung. Oder ich ziehe aus.«
Späth sagte gar nichts und nahm die Katze mit ins andere Zimmer. Sie legte sich unter den Schreibtisch und begann sich trocken zu lecken. Es wäre zuviel gesagt, daß ›Sophia‹ gehorcht hätte, aber immerhin hörte sie auf den Namen. Wie sie früher geheißen und ob sie überhaupt einen Namen gehabt hatte, erfuhr Späth natürlich nie. Übrigens zog Frau Späth nicht aus, wenngleich sie nie aufhörte, wegen der Katze zu giften.
»Vielleicht gewinne ich einen Hund«, sagte sie, »der deine Katze vertreibt«, und füllte verbissen die bunten Reklame-Wettbewerbs-Karten aus. Sie gewann Tauchsieder, Aluminium-Bestecke und Nähnadelfutterale,

einmal sogar ein tiefgefrorenes Huhn; einen Hund gewann sie nicht. –

Ende November kaufte Raimund Späth wieder ein Auto, denn eine neue ›Übergangsarbeit‹ fand sich auswärts. Mit einer gewissen Beklemmung bemerkte Späth, daß es mit seiner Buchhalterei bergauf ging, denn einer der anderen freien Buchhalter des Bezirks hatte eine feste Tätigkeit angenommen, und die meisten von dessen Kunden kamen zu Raimund Späth. Späth hatte auch diese Übergangsbeschäftigungen angenommen, denn es mußte ja jemand für Sophia sorgen.

Sophia saß – wenn sie nicht einen ihrer Spaziergänge machte – an der rechten hinteren Ecke des alten Schreibtisches. Ihr Schwanz hing über die Tischplatte hinab und verriet durch gelegentliches Zucken die Anteilnahme Sophias an Späths Arbeit. Späth hatte keinen Zweifel daran, daß Sophia die Buchhaltungskunst nach wenigen Wochen bereits erlernt hatte. Sie verfolgte aufmerksam mit den Augen jede Bewegung von Späths Stift. Setzte Späth einen Schlußstrich unter eine besonders saftige Zahlenkolonne, so schnellte der Schwanz, wie von einem unsichtbaren Faden angerissen, in einem Kringel in die Höhe. Mit besonderem Interesse registrierte Sophia Späths Tätigkeit an seiner Rechenmaschine. Die alte Rechenmaschine (sie war zwar ein elektrisches Modell, aber sicher eines der ersten) stand an der linken hinteren Ecke des Schreibtisches. Zuweilen, wenn die Maschine surrte und rasselte, stand Sophia auf und schritt über

den Tisch hinüber, drehte ihren Kopf fast um hundertachtzig Grad und beobachtete die glänzenden Tasten.
Zu Kunden in die nähere Umgebung begleitete Sophia Späth. Ging Späth weiter fort, so wartete die Katze bei schönem Wetter auf einem bestimmten Zaunpfosten, bei schlechtem unter einer Bank. Nicht lange nachdem Späth seinen neuen Wagen gekauft hatte, begann er die Katze mitzunehmen, wenn er fortfuhr. Sie schlief dann – das Fenster blieb einen Spalt offen – auf dem Fahrersitz oder spielte mit einer Glocke, die eigens zu diesem Zweck am Rückspiegel hing. Wenn Späth außer Haus war, blieb die Katze erst in der Wohnung, als Margarethe Späth (etwa ein Jahr nach der Tulpenfahrt) ins Krankenhaus eingeliefert wurde. Die Nachricht, daß sie Krebs hatte, erschütterte Späth wenig. Noch einmal kam Frau Späth für einige Monate aus dem Krankenhaus heraus, dann mußte sie wieder hinein, gewann ihr letztes Spezialküchentuch und verschied.
Manchmal überlegte Raimund Späth, ob er die Katze nicht ›mitnehmen‹ solle. Aber er entschied immer: nein. Er habe, sagte er zu sich, kein Recht, das Leben des Tieres abzukürzen. In Wirklichkeit war es natürlich so, daß aus dem Leben zu scheiden, nachdem er Sophia etwas angetan hatte, Späth der schiere Gipfel an Welt-Unordnung erschienen wäre. Die Katze im ungewissen zurückzulassen, war für ihn ohne jede Frage ausgeschlossen.
So stieg Späth hie und da, allerdings zunehmend sel-

tener, in den Dachboden hinauf und blies den Staub von der Klarsichtpackung. Die neugierige Sophia, die diese Prozedur immer aus nächster Nähe musterte, mußte meist ziemlich heftig dabei niesen.

Es gibt Menschen, die verändern die Welt kraft ihrer Argumente; eine Katze liegt nur schläfrig herum, und ganz langsam verändert sich die Welt von alleine zu einer Welt voller Gemütlichkeit und Zufriedenheit.

Elfriede Hammerl

Die Herzensgute

Habe meinen Wirkungskreis erweitert. Das kam so: Die Person tratschte bei offener Wohnungstür mit der Nachbarin zur Rechten, deren Wohnungstür offenstand. Während die Damen small talken, schiebe ich mich vorsichtig neben die Person, dann an der Person vorbei.

Entdeckung durch die Nachbarin. Entzückungsschreie. »So ein liebes Viecherl . . .!« etc. Wenn ich auch wenig Wert darauf lege, als »liebes Viecherl« bezeichnet zu werden, so rührte mich doch die ehrliche Begeisterung der einfachen, aber herzensguten Frau.

Um es kurz zu machen: Ich habe ab jetzt Zutritt zum Domizil der Herzensguten. Es sei ja ein Jammer, daß ich allein sein müsse, während die Personen oft den ganzen Tag außer Haus sind. In dieser Zeit könne ich gern bei ihr – und so fort.

Die Herzensgute hat keine Ahnung, wie sehr ich meine stillen Studierstunden schätze, sie scheint mir eine wenig kontemplative Natur. Andererseits will ich sie, wenn sie Gesellschaft sucht, nicht rüde zurückweisen. Also werde ich ihr in Zukunft ein wenig Zeit widmen. Ich hoffe nur, daß ich meine geisteswissenschaftlichen

Forschungsaufgaben nicht zu sehr vernachlässigen muß.
Die Wohnung der Herzensguten roch interessant nach Gulasch. Sie wollte mir auch sofort bereitwillig etwas aus dem großen Topf abgeben, der auf ihrem Herd stand, aber die Person vereitelte das. Bitte nicht! Nichts Gewürztes! Kein schieres Fleisch! Katzen brauchen nämlich . . .
Die Person glaubt allen Ernstes, Katzen brauchen Gourmethäufchen aus dem Blechnapf statt frisch gekochtem Rindergulasch. Und überhaupt bin ich sauer, daß sie mich bis in die Küche der Herzensguten verfolgt hat. Man wird doch einmal allein ausgehen dürfen, Herrgott! Dieses Geklammere kann unserer Beziehung unmöglich nützen. Hat sie denn kein Vertrauen zu mir?
Was passieren soll, passiert sowieso. Heute hat mich die Herzensgute mit Räucherhering gefüttert. Recht delikat.
Bei der Herzensguten liegt bemerkenswerte Lektüre herum. Ich wußte bisher gar nicht, daß es solche Druckwerke gibt. Zunächst war ich sehr angetan, weil ich mir von ihnen eine zeitgeschichtliche Ergänzung meiner historischen Kenntnisse versprach. Mein monarchisches Wissen hört ja praktisch bei Kronprinz Rudolf auf, über den die Personen eine lehrreiche Biographie im Regal stehen haben.
Inzwischen hege ich allerdings Zweifel, was die wissenschaftliche Seriosität der Schriften betrifft, in die ich bei der Herzensguten Einblick nehmen durfte.

So war ich zum Beispiel erstaunt zu lesen, Queen Elizabeth zürne ihrer Schwiegertochter, einer Herzogin Sarah, weil diese Sarah ihre Hausfrauenpflichten vernachlässige.

Hausfrauenpflichten? Ich suchte nach einer Fußnote, aber keinerlei Hinweis klärte mich auf, was darunter bei einer Herzogin zu verstehen ist.

Die Herzensgute, die in meiner Gegenwart ein längeres Telefongespräch führte, meint offenbar, die Queen sei erbost, weil die Herzogin es verabsäumt, regelmäßig mit dem Staubtuch über die Nippes zu gehen. Jedenfalls äußerte sie sich in diesem Sinn am Telefon.

Die Herzensgute äußerte sich auch über andere hochadelige Damen. Eine Königin Silvia (?) soll Probleme mit dem Kindermädchen haben, weshalb sie abends nicht mehr ausgehen könne, und eine Fürstin, deren Namen mir entfallen ist, läßt es sich angeblich nicht nehmen, ihrem Gemahl allmorgendlich das Frühstück ans Bett zu bringen.

Es scheint die Herzensgute zu trösten, daß die adeligen Damen auch nicht darum herumkommen, ihre Zeit mit Staubwischen, Windelwechseln und der Zubereitung dicker Bohnen zuzubringen, zumindest nach den Informationen, die der Herzensguten vorliegen.

Ich überlegte, ob sie beim Vorliegen anderer Informationen zu Aufruhr und Meuterei neigen würde, weshalb die Druckwerke vielleicht die Aufgabe hätten, beruhigend auf sie und ihresgleichen einzuwirken, doch wie ich sie auch betrachtete, ich konnte sie mir nicht so recht als Revolutionärin vorstellen.

Dachte nach, ob ich im Fall von Trostbedürftigkeit gerne lesen würde, daß auch preisgekrönte Perserkatzen letztendlich mit »Schmatzischmaus« aus der Dose abgespeist werden. Ich glaube nein. Zöge die Schilderung wüster Gelage mit frischem Lachs, Trögen voll Leber und literweise Sahne vor.

Etwas anderes heiterte mich auf: Die Herzensgute hat keine Katzengitter vor den Fenstern! Fand heraus, daß ich ein ausgesprochen risikofreudiger Typ bin. Spazierte die Simse entlang und ließ meine Nerven vom Verkehrslärm zwei Stockwerke unter mir kitzeln. Über mir Tauben. Hinterlistiges Gegurre. Sollen sie gurren. Im Unterschied zu dem Idioten, den die Personen in mir vermuten, bin ich nicht gewillt, mir den Hals zu brechen, nur weil mich ein verantwortungsloser Vogel provoziert.

Überwältigendes Gipfelstürmergefühl auf der Loggiabrüstung neben den Schlafzimmerfenstern der Herzensguten: die Stadt mir zu Füßen.

Abends, daheim, erzählt die Person dem Person von meiner neuen Verpflichtung. Der Person fragt, ob jetzt Gott behüte eine innige Freundschaft von ihm erwartet wird. Die Person wirft ihm Hochmut vor. Der Person sagt: »Ich weiß, wovon ich rede. Hast du mal gesehen, was die so liest?«

Anscheinend findet er ebenfalls, daß das biographische Material, das die Herzensgute gesammelt hat, wissenschaftlich nicht haltbar ist. Die Person kichert. »Hast du Angst, der Kater verdirbt sich bei ihr seinen literarischen Geschmack?« fragt sie.

»Vielleicht«, erwidert der Person.
Die Person kichert wieder. Sie braucht gar nicht zu kichern. Wenn eine/r von uns die Kronprinz-Rudolf-Biographie nicht zu Ende gelesen hat, dann bestimmt nicht ich.

Die Herzensgute ist in ihrer Herzensgüte bisweilen etwas mühsam. Dieser Tage erstand sie ein Katzenkörbchen für mich. Es ist mit schwellenden Kissen gepolstert, und ich käme mir, wenn ich es benützte, wie ein Transvestit vor, der eine kätzische Hollywood-Diva mimt. Selbstverständlich hege ich keinerlei feindselige oder verächtliche Gefühle gegenüber Transvestiten, aber Tatsache ist nun mal, daß ich nicht das Bedürfnis habe, auf schwellenden Kissen zu thronen oder Schleifchen zu tragen. Ich sage das voll düsterer Besorgnis, denn ich traue es der Herzensguten zu, daß sie mich zu schmücken versucht. Zumindest ein Halsband ist meinen Befürchtungen nach fällig.
Leider habe ich nicht den Eindruck, daß die Personen mir bei der Ablehnung dieser Dinge zur Seite stehen werden. Sie sind der Herzensguten nämlich geradezu beleidigend dankbar dafür, daß sie sich um mich kümmert, so als wäre ich ein mißratener Sprößling, dessen Eltern heilfroh sein müssen, wenn ihrem kleinen Monster ein bißchen Zuneigung entgegengebracht wird. Das haben sie doch nicht nötig! Sie sollten der Herzensguten lieber klarmachen, daß es eine Vergünstigung ist, wenn sie mir erlauben, die herzensgute Wohnung zu zieren.

Die Person hat eine Freundin, die gelegentlich ihr Junges vorbeibringt. Das Junge reißt Blumentöpfe herunter und Zeitungsseiten entzwei, es kippt Kaffee über den Teppich, leert Aschenbecher in Schuhe, meuchelt Jugendstilfiguren und beißt brüllend um sich, wenn man es an der Erfüllung dieser selbstgestellten Aufgaben zu hindern versucht.
Die Person schaut immer ziemlich zerknittert drein, wenn sie sich drei Stunden lang lustige Spiele ausgedacht hat, um den kleinen Gast auf andere Ideen zu bringen.
Die Kindsmutter bemerkt es nie. Strahlend wirbelt sie zur Tür herein, eine Glücksfee, die der Freundin einen erfüllten Nachmittag beschert hat. Nie käme sie auf die Idee, sich dankbar zu zeigen dafür, daß sie ihr Junges großzügig einem anderen Menschen zur Anbetung überlassen hat.
Von ihr sollten die Personen lernen, statt der Herzensguten unter Bücklingen zu beteuern, wie erleichtert sie seien, daß ich bei ihr so gut aufgehoben . . .
Und das, wo ich fast nie beiße – und Blumentöpfen nur in Phasen äußersten Mißmuts den Garaus mache!
Die Herzensgute ist infolge der schamlosen Schmeicheleien wie gesagt auf Omnipotenzkurs. Zärtlichkeiten an wogendem Busen (viel zu stürmisch, wenngleich nicht ganz unangenehm, weil die Herzensgute stets von köstlichen Küchendüften umweht wird und nicht von blumigen Parfüms wie die Person), tägliches Bürsten, Einrichtung eines »behaglichen Plätzchens« für mich.

Was für ein Unfug. Ich brauche keine speziellen Plätzchen, ja, ich lehne sie als restriktive Maßnahme vielmehr entschieden ab. Auf bestimmte Lokalitäten verwiesen zu werden, betrachte ich als Diskriminierung, die ich meinerseits niemandem zumuten würde.

Von mir aus dürfen meine Menschen jedwedes Plätzchen in meinen Wohnungen benützen. Aber: Toleranz gegen Toleranz. Ich möchte dafür bitte auch nicht in Katzenkörbchen (was für ein Wort! Fellsträubend!) ruhen sollen. Falls mir nach Korb zumute ist, kann ich mich jederzeit im Brotkorb niederlassen. Die Personen haben das von Anfang an begriffen. Anders, wie gesagt, die Herzensgute. Immer wieder klopft sie einladend auf die Kissen des Unaussprechlichen. Manchmal schleppt sie mich sogar hin und drückt mich darauf nieder. Offenbar meint sie, Liebe äußere sich dadurch, daß das liebende Wesen besser als das geliebte Wesen weiß, was für das geliebte Wesen gut ist.

Ein verhängnisvoller Irrtum, der meinen Studien zufolge schon mancher Beziehung geschadet hat.

Apropos schadhafte Beziehung: abends dann bei den Personen. Einige Zeit hindurch die schönste Harmonie. Wir lungern zu dritt im Bett und ackern uns durch die Leitartikel der Zeitungen vom nächsten Tag. Von Zeit zu Zeit murren die Personen, weil ich sie angeblich beim Lesen behindere, wenn ich mich mitten auf die Zeitungsseiten lege. Egoistisches Pack. Wie sonst soll ich mich wohl in meine Lektüre vertiefen?

Plötzlich versaut der Person die Stimmung durch seine Gedankenlosigkeit.

Ich lese gerade eine eher mäßige Analyse der US-Politik im letzten Jahrzehnt, als er spöttisch auflacht. »Was gibt's?« fragt die Person.

Er tippt auf die Klatschspalte eines Boulevardblatts. (Es erscheint mir nicht unsymptomatisch, was wer von uns liest.) »Ich amüsiere mich über das da«, sagt er – sein Finger sticht auf das Foto einer vollbusigen Blondine nieder –, »die verkaufen die hier als Sängerin, dabei . . .«

Betreten hält er inne. Zu spät. »Du kennst sie?« fragt die Person mit gepreßter Stimme.

»Na ja«, erwidert der Person leichthin, »von früher. Eine Sandkastenfreundschaft sozusagen.«

Dieser arme Idiot! Offenbar kann und kann er sich nicht merken, daß er über 25 ist, geschweige denn wieviel darüber.

Die Person faucht, ob er sie für vertrottelt hält.

Der Person versteht nicht, was sie meint.

»Ich meine«, sagt die Person, »daß einer von uns vertrottelt sein muß. Vielleicht du, weil du bis zu deiner Volljährigkeit im Sandkasten gespielt hast.«

»Volljährigkeit?« fragt der Person.

»Herrgott!« schreit die Person. »Wie willst du denn die da sonst aus dem Sandkasten kennen?«

Der Person erwidert würdevoll, daß er keine Lust habe, sich einem Verhör zu unterziehen. Wenn die Person darauf aus sei, Detektiv zu spielen, solle sie sich einen Spielgefährten suchen.

»Ist gut«, sagt die Person. »Ich werde in den Sandkästen herumfragen.«

Sie steht auf und verschwindet türenknallend im Bad. Der Person seufzt. Später wird er der Person sicherlich vorwerfen, daß sie ihn zu sehr einenge.
Ob er sich von ihrer Eifersucht vergewaltigt fühlt, wie ich mich von der Fürsorge der Herzensguten?
Vielleicht fühlt sich die Person aber ihrerseits vergewaltigt? Die Brutalität, mit der der Person ihr jegliche Eifersucht austreiben will, impliziert ja ebenfalls einen Machtanspruch.
Die Person hat sich angezogen und verläßt die Wohnung.
Der Person verläßt das Bett und blättert in seinem Telefonbuch.
Ich schließe die Augen. Fast sehne ich mich nach der heilen Welt eines Katzenkörbchens.

Das Problem wenn man mit Katzen sein Bett teilt ist, daß sie lieber auf einem als neben einem schlafen.

ELISABETH CASTONIER

Ein Gentleman

Kater Rum hatte sein vierzehntes Lebensjahr erreicht. Er war, was man einen rüstigen alten Herrn nennt, auch wenn er nicht mehr mit demselben mühelosen Schwung in das alte Backofenloch sprang, sondern es vorzog, eine Zwischenlandung auf dem Stuhl vorzunehmen. Sein täglicher Rundgang wurde noch immer absolviert, wenn auch stark gekürzt. Hin und wieder fing er eine unerfahrene Jungmaus, die sich verirrt hatte, oder brachte einen aus dem Nest gefallenen Vogel ins Haus. Am liebsten ruhte er jedoch im kleinen Vorgarten, um dort stundenlang in tiefsinniger, von mezzo-forte-Schnurren begleiteter Betrachtung zu verbleiben – über die Qualität von Nachkriegsmäusen, über die neue, freche Katergeneration – vielleicht aber träumte er bloß vor sich hin. Die Jungkater störten ihn. Zwar hatten sie Respekt vor seiner vollendeten Sezierkunst, aber hin und wieder vergaß doch so ein Bursche, daß er ein Patriarch war, den man achten und in Ruhe lassen mußte – und tastete vorlaut nach seinem buschigen, goldenen Schwanz oder zischte dem Ruhenden vorlaut aus nächster Nähe ins Gesicht, um dann rasch zu fliehen wie ein Schuljunge, der an fremden Haustüren klingelt.

Rum war jetzt heikler als je, was seine Essensgewohnheiten betraf. Er nahm nur noch Auserlesenes, in ständiger Abwechslung, zu sich: fein gehacktes, ganz mageres Fleisch und, falls Fisch auf dem Menü stand, niemals Hering. Dafür hin und wieder, ganz selten, etwas geräucherte Flunder. Die neuen Konserven, auf denen ein Kater abgebildet war, verachtete er naserümpfend, trotzdem die Reklame versicherte, daß nur »Kitty-Cat« Katzen jung und gesund erhalten könne.

Wie die Herzogin beklagte er sich unwillig, wenn ihm etwas vorgesetzt wurde, das ihm nicht paßte oder auf das er gerade an diesem Tag keinen Appetit hatte. Sogar Jane nahm mit den Jahren Rücksicht auf seine Alterswünsche und sagte zuweilen:

»Der alte Mann hat heute wieder keinen Appetit auf Fisch, ich habe ihm etwas von unserem Roastbeef gegeben.«

Oder:

»Ich glaube, er möchte heute etwas Leber zum Tee haben.«

Daß er allerlei Vitamine bekam, ist selbstverständlich. Nur mußte man sie sorgfältig verbergen, in Fisch mischen oder in Sahne auflösen, und auch dann lehnte er sie zuweilen ab.

Es schien, als ginge er nur noch aus Prestigegründen auf Moorhennen- oder Mäusejagd. Rattenfang hatte er seit einiger Zeit aufgegeben.

Er tat dies wohl nur, um den Jungen zu zeigen, daß er sich noch nicht völlig zurückgezogen habe und noch

immer Spezialist im Sezieren und Alleinherrscher im Mill-Farm-Bezirk war.
Aber die Grenzen seines Jagdreviers waren jetzt enger gesteckt. Am liebsten beschränkte er sich auf Naheliegendes, leicht Erreichbares – auf eben jene aus dem Nest gefallenen Jungvögel, mit denen er verträumt spielte und sie dann gelangweilt liegen ließ, als wäre es nicht der Mühe wert, sie zu zerlegen, weil sie ja nur Haut und Knochen wären.
Bald beschränkte er sich auf verunglückte Spinnen oder sommermüde Fliegen und auf Katzengras, das er sorgfältig zu sich nahm, weil es wichtig für eine gute Verdauung ist.
Am liebsten hielt er jedoch seine Liegekur und nahm ein Sonnenbad, wenn es warm genug war.
Seine veränderte Lebensweise fiel sogar Jane auf, die stets mehr zu tun hatte, als sie zu bewältigen vermochte.
»Eines Tages werden wir wohl auch soweit sein wie der alte Mann und uns nur noch ausruhen wollen – aber jetzt noch nicht.«
Für Rum schien es sich ausschließlich darum zu handeln, der Jugend zu zeigen, was ein begabter Kater aus der guten alten Zeit war. Er tat dies mit unerbittlicher Strenge, mit schallenden Ohrfeigen, mit dumpfen Grollaugen, besonders wenn Jung-James, ein silbergrau Getigerter, ihm zu nahe kam. Er verscheuchte auch den einzigen Sohn der Herzogin, den blauen Perser, Bapu, den wir mit Gandhis zärtlichem Namen bedacht hatten, weil er von jung auf nur zu meditieren

schien und niemals ein Geschöpf tötete. Rum knurrte erbost, wenn sich nicht zuständige, nicht ansässige Katzen der Farm näherten. Und wenn eine fremde Katzendame erschien, blinzelte er bloß schläfrig, ohne sich zu rühren, wie eben ein alter Herr zu tun pflegt, der zwar gern etwas Hübsches sieht, sich aber nicht mehr in seiner beschaulichen Ruhe stören lassen will.

Und wieder einmal wurde es Frühling, sommerlich warm, mit graublauen duftigen Opalschleiern über dem goldenen Antlitz der Sonne und der ganzen Landschaft, mit kühl-feuchten Nächten und windstillen Mittagsstunden.

An einem jener warmen Frühsommertage war es, daß Rum, sehr müde und die leicht gelähmte Hinterhand nachschleppend, in den Vorgarten gekommen war, um dort seine Jagdbeute, eine kleine Jungmaus, sorgfältig zu zerlegen, trotzdem er erst vor kurzem ausgiebig gespeist hatte.

Die anderen Katzen beobachteten seine Sezierkünste aus respektvoller Entfernung, teils vom Vordach der Haustür, teils von den Fensterbrettern – und Bapu lag im leuchtend roten Geranienbeet.

Rum hatte gerade sein Opfer nach allen Regeln der Kunst zerlegt, um auf kürzestem Wege die wichtigen Vitamine zu erreichen, und war gerade dabei, das winzige Mäuseherz zu verspeisen, als ein Geräusch ihn störte – er blickte auf: es war die schneeweiße, blauäugige Perserin, Bianca, die dem Nachbarn entschlüpft war, der sie stets wie eine gefangene Prinzessin hielt, damit sie keine Mesalliance begehen könne.

Aber – es war Mai. Und der Mai lockte, die schöne Bianca war ihrem Gefängnis irgendwie entflohen und wandert mit kleinen, gezierten Schritten und zärtlich-affektierten Lauten dem Farmhaus und dem Vorgarten zu, als beklage sie sich über Staub und Kuhfladen, die ihr schimmerndes Gewand, den unruhig peitschenden Schwanz beschmutzen könnten.
Die Kater wandten sich von der Betrachtung der Mäuse-Autopsie ab und ihr zu, und Rum blinzelte, leicht interessiert.
Jung-James begann leise zu singen, und Bianca tat, was schöne Frauen aller Gattungen tun: sie tat, als bemerke sie dies Interesse nicht, sondern sprang elastisch über den moosbetupften, schiefen Zaun und ließ sich nur wenige Schritte entfernt von Rum im Gras nieder. Dann begann sie, sich zu rollen und kläglich zu wimmern, was man hier »The Queen is calling«, die Königin ruft, auf dem sachlichen Kontinent »katzeln« zu nennen pflegt.
Jung-James erlebte seinen ersten Lebensfrühling und antwortete, ein wenig schüchtern, während Bapu, der im Geranienbeet meditiert hatte, seine orangefarbenen Augen öffnete.
Bianca begann sich mit einem Mal ausführlich zu putzen wie ein Filmstar, der sich zur Aufnahme vorbereitet.
Rum, die goldfarbene Tatzenhand auf seiner Miniaturbeute, blinzelte zu ihr hinüber.
Aber Bianca tat, als bemerke sie all dies Interesse nicht, nicht einmal, daß die Herzogin auf ihrem Stuhl

mit dem rotseidenen Kissen sie verächtlich mit schief gezogenem rosa Mund anstarrte, wie eben ältere, ein wenig verblühte Frauen junge Frauen mustern.

Bianca putzte sich, unbekümmert, mit kleinen extatischen Bewunderungsrufen über die eigene Vollkommenheit.

James war nur noch zwei Fuß von ihr entfernt, und seine Serenade wurde lauter.

In diesem Augenblick erhob sich Rum ein wenig steifbeinig und schrie ihn an, so daß James fassungslos zurückwich.

Die schöne Bianca wimmerte, machte einen Satz und verschwand, ein weißes, duftiges Katzengespenst, im Fliederbusch.

Von dort aus rief, flehte, drohte und lockte sie schrill.

Und zur Antwort ertönte eine laute, männlich-leidenschaftliche Stimme.

Es war Bapu, der zu singen begann, und langsam, singend verschwand er mit kühnem Sprung hinter Blüten und Blättern.

Der Fliederbusch zischte, schrie und erzitterte.

Rum wurde mit einem Mal zum Miniaturlöwen.

Auch er verschwand im Fliederbusch, und was man jetzt vernahm, war Schlachtenlärm.

Ein schmerzlicher Aufschrei ertönte, und Bapu erschien wieder. Seine Nase und ein Ohr waren gespalten und bluteten, aus seinem Fell war ein großes Dreieck gerissen, und mit einem Wehlaut verschwand er in der Mühle.

Es wurde still, die Katzen blinzelten interessiert.

Dann erschien die schöne Bianca, sprang mit einem affektierten Miau über den Zaun und setzte sich auf der Straße nieder, um ihr schimmernd weißes Fell zu ordnen, wusch sich ausführlich die hellrosa Nase und das Gesicht, jedoch nur ein Ohr. Und wanderte langsam, mit kleinen Schritten, jedem Kuhfladen in weitem Bogen ausweichend, der Brücke und ihrem Gefängnis zu. Ihr buschiger Schwanz schwebte noch einmal, wie ein weißes Periskop, zwischen den Hecken, dann war sie entschwunden.

Herzogin Nana hatte die Vorgänge interessiert, teils mit halb geschlossenen Augen, teils mit erregten Schwanzschlägen beobachtet. Jetzt gähnte sie ausführlich und gelangweilt, als wolle sie sagen, daß sich nichts seit ihrer Jugendzeit geändert habe.

Daß ihr Sohn von Rum im Duell besiegt worden war, berührte sie nicht.

Und dann erschien Rum.

Langsam hinkte er zum Sonnenfleck zurück und streckte sich müde neben dem kleinen Mäuseherz aus, das er in der Eile und aus Prestigegründen zu speisen vergessen hatte.

Wir fanden ihn später leblos neben den Überresten seiner Jagdbeute. Er starb, wie er gelebt hatte, als Gentleman.

Nicht einmal Casanova war es vergönnt, nach erfolgreicher Jagd, nach einem guten Diner, im siegreichen Zweikampf mit einem jungen Gegner und nach jenem Augenblick die Erde zu verlassen, der von den Franzosen so diskret »une heure d'amour« genannt wird.

Horst M. Lampe

Angst vorm Fliegen

Vor unserer großen Reise sprachen wir noch einmal bei meinem Hausarzt vor. Der bedauerte sehr, daß er mich als Stammkunden verlor, bescheinigte mir gute Gesundheit und gab mir zum Abschied noch schnell ein paar Spritzen, damit es auch so blieb.

»Sie können froh sein, daß Sie nicht nach England wollen«, meinte er. »Dort müßte Ihr Freund nämlich nach der Einreise erst in Quarantäne. Für Ihr Land genügt wie auch bei uns die normale Schutzimpfung.«

Dann drückte er Edith eine kleine Tüte in die Hand. »Eine Tablette geben Sie ihm, bevor Sie zum Airport fahren, die zweite beim Einchecken. Er wird zehn Stunden in seinem Kennel bleiben müssen. Diese kleinen Transportbehälter sind leider nicht allzu bequem – besonders für ein Tier, das gewohnt ist, frei herumzulaufen. Der Tranquilizer wird ihn für die längste Zeit ruhigstellen.«

Als es soweit war, daß uns Mammis Mammi zum Flughafen fahren sollte, bemühte sich Edith, dieser Empfehlung zu folgen. Wer schon einmal seiner Katze ohne professionellen Beistand eine Pille zwischen die Zähne schieben wollte, kann sich den Verlauf der Prozedur vorstellen.

Zunächst versuchte Edith es allein. Danach sollte mich Oma festhalten. Frank, als nächster um Hilfe gebeten, winkte von vornherein ab, das sei nichts für ihn. Schließlich gelang es seinem Weibchen, mir mit Ediths Unterstützung eine Tablette von der Seite durch die Zähne zu schieben. Daß sie den nicht autorisierten Eingriff in meine Persönlichkeit mit einem Riß in der Hand bezahlte, hatte nichts mit kleinlicher Rache zu tun. Vielmehr verletzte sie sich, weil sie ihre Finger zurückzog, ehe ich bereit war, dafür die Kiefer weit genug auseinander zu nehmen.
Edith sollte zu der Behandlung alle meine Pfoten gleichzeitig festhalten, damit Margot besser mit mir fertig wurde. Sie hatte aber Angst, sie könnte mir dabei wehtun und versuchte es darum zum Schluß mit mehr freundlichem Zureden als mit physischer Kraft. So war es mir ein Leichtes, mich wieder loszureißen.
Zum Glück akzeptierte Mammi meine Bereitschaft, mich anschließend bei ihr zu entschuldigen, obwohl auch sie ein blutstillendes Mittel aus der Hausapotheke meiner gutgemeinten und gewiß heilsamen Zungenbehandlung vorzog. Wahrscheinlich auf Grund der schmerzhaften Erfahrungen verzichtete man dann am Flugschalter darauf, mir auch noch die zweite Tablette einzureden. Dabei war ich inzwischen von der ersten so schläfrig, daß ich mich nicht einmal mehr dagegen gewehrt hätte. Ich fühlte mein Gewicht nicht mehr und begann zu fliegen – genau wie Edith es versprochen hatte.
Irgendwann war mir, als sei ich in neuer Gesellschaft.

Doch reichten die kleinen Gitterfenster meiner Behausung und das trübe Licht nicht aus, um die Umgebung zu erkennen. Auch wurden die Geräusche in meiner unmittelbaren Nachbarschaft von einem ständigen Dröhnen übertönt.
Es waren Laute wie Rufe aus einer anderen, fremden Welt. Ferne Stimmen in einer unbekannten Sprache. Verwehte Klagelieder aus den dumpfen Träumen meiner unbekannten Mitreisenden. Ich war zu müde, um zu antworten und vergrub mich in das Kleid, das Mammi getragen und das sie mir geschenkt hatte, damit ich mir beim Fliegen nicht gänzlich verlassen vorkam.
Eigentlich hatte ich mir die Reise durch die Luft anders vorgestellt. Zu schweben, ohne selbst die Richtung zu kontrollieren, ist nicht gerade das, was sich Katzen wünschen. Eine Tablette allein, wenn zwei empfohlen worden sind, verschafft nur die Hälfte der Apathie, die für längere Strecken angeraten ist. Und die auch nur für eine begrenzte Zeit. Danach fühlt man sich trotz vertrauter Unterlage ausgesprochen deprimiert.

Noch schlimmer muß es denjenigen ergehen, die keine Narkose vertragen und den Streß bei vollem Bewußtsein erleben. Ich kann mir denken, daß sich dadurch schon so mancher Flugreisende wider Willen mißhandelt gefühlt und durchgedreht hat. Selbst mir, dem man Ursache und Zweck dieser Situation genau erklärt hatte und der dem Versprechen glaubte, daß alles ein gutes Ende nehmen würde, wurde die Zeit lang.

Der Raum war zwar klimatisiert, aber man bekam einen trockenen Hals – und der Service war schlecht. Bereits vor Flugbeginn hatte man meine Bitte nach Wasser abgeschlagen und die von Edith in meinen Kennel geschmuggelte Schale als regelwidrig entfernt.

So saß ich auf dem trockenen – wenn am Ende auch nicht mehr buchstäblich. Denn was an Flüssigkeit noch in mir war, nahm trotz des fehlenden Nachschubs seinen natürlichen Verlauf. Bei der Enge meines Gefängnisses blieb es nicht aus, daß dabei auch Mammis duftendes Kleid ein wenig feucht wurde.

Auf einmal veränderten sich die Geräusche um mich herum. Das Dröhnen wurde leiser, die Stimmen aus der Nachbarschaft verstummten. Dafür taten mir die Ohren weh, und ich hörte wieder das ferne Singen der Sirenen, als der Wald in Daytona brannte.

Dann erhielt meine Behausung einen gehörigen Stoß. Ich wurde gegen die Wand gedrückt. Der Lärm, der meine Reise durch die Luft begleitet hatte, donnerte noch einmal auf. Das Bellen, Grunzen, Krächzen und Maunzen in die nachfolgende Stille hinein erschienen mir nicht mehr wie irritierender Wehklang, sondern wie die wohltuenden Laute einer vertrauten Melodie.

Der helle Tag blendete mich. Ein unbekannter Mensch hob meinen Käfig auf einen Wagen und brachte mich und die anderen Passagiere dorthin, wo unsere letzte Etappe begann. Das Transportband führte mich durch ein Labyrinth von Gängen, Kurven und Kreuzungen zum Licht am Ende des Tunnels, wo mich Edith mit einer Riesenportion Wasser erwartete, während Oma vor Rührung weinte und nicht aufhören wollte, mich »Armer, tapferer Bub« zu nennen!

Sie häuften die Koffer zu einem Berg auf ein Drahtgestell mit Rädern und rollten das Ganze auf eine Tür zu, an der sich eine Menge anderer Reisender drängte. Mich hatten sie nach der ersten stürmischen Umarmung (und nachdem Edith ihr ehemaliges Kleid diskret entfernt hatte) in meinen Transportbehälter zurückgesteckt und uns beide auf das Gepäck gehoben.

Nach der jüngsten Erfahrung war ich indessen nicht bereit, die erneute Einkerkerung stillschweigend hinzunehmen. Meine Revolution lockte mehrere Zuschauer an. Als jemand fragte, ob es nicht Tierquälerei sei, mich in einem so engen Kasten zu verschicken wie eine Ladung totes Fleisch, wurde Edith die Situation peinlich. Sie versuchte erst gar nicht, sich zu verteidigen, sondern holte mich wieder heraus und legte mich auf vertraute Art über die Schulter.

Da ich mein höchstes Einverständnis mit dieser Lösung durch spontanes intensives Schnurren kundtat, waren alle zufrieden. Auch die Zwillinge im gleichen Fell, die den Ausgang kontrollierten, freuten sich über soviel Liebe und vergaßen, Edith wie die anderen Passagiere zu fragen, ob sie auch nichts Verbotenes dabei habe. Es wäre auch nicht aufgefallen, wenn ich nicht

schutzgeimpft und somit überhaupt nicht einreiseberechtigt gewesen wäre.
Jenseits der Tür standen Putzi und sein Hund Barzi und sorgten dafür, daß wir zum zweiten Mal auffielen. Da Ediths Männchen zwar seine Mutter, nicht aber sein Weibchen mit der bei solchen Anlässen üblichen Zeremonie empfangen konnte, weil ich ja zu dicht daneben lag und er uns beide hätte küssen müssen, entstand augenblicklich ein gewisses Durcheinander – zudem Barzi nicht warten wollte und seine Ansprüche ebenfalls geltend machte.
Ich nutzte die momentane Verwirrung und setzte mich ab. Barzi stutzte, erinnerte sich meiner aber sogleich und begrüßte mich zum allgemeinen Erstaunen fast ebenso herzlich wie die übrige Familie. Bei soviel Animation und in Anbetracht meines Nachholbedarfs an freier Bewegung blieb es nicht aus, daß sich daraus ein fröhliches Nachlaufen mit wechselndem Verfolger entwickelte.
Vielleicht war der Ort nach Ansicht mancher Leute nicht der geeignete Spielplatz. Aber mir machte die Jagd ungeheuren Spaß, und unserem Labrador-Pointer mußte es ebenso ergangen sein. Allerdings war der Vorteil zunächst auf meiner Seite. Die vielen im Weg stehenden Koffer, Taschen, Körbe und Pakete – und ein paar Buggys mit Babyzweibeinern dazwischen – kamen meiner Begabung entgegen, auch bei Höchstgeschwindigkeit enge Kurven zu nehmen.
Nicht zu vergessen die zum Mehrfach-Slalom aufgereihten Beine, um die ich Haken schlagen konnte,

während Barzi Schwierigkeiten hatte, rechtzeitig abzubremsen, wodurch sich mein Vorsprung jeweils beträchtlich vergrößerte. Jedenfalls solange, bis sich noch ein paar andere an dem Vergnügen beteiligten und aus dem Spaß plötzlich Ernst wurde.

Der Mops, der aus der Tragetasche fiel, als Barzi in vollem Lauf dagegenprallte, stellte keine Bedrohung dar. Nach kurzem Wackelsprint gab er kurzatmig von selbst auf. Das Riesenwollknäuel, hinterher bei den Friedensgesprächen zwischen Wortführern der Beteiligten als Bobtail dargestellt, hinderten seine langen Fransen vor den Augen an klarer Sicht. Nachdem es ein auf der Erde herumkriechendes Miniaturzweibein niedergewalzt hatte, wurde es von seiner Herrin aus dem Rennen genommen.

Das eigentliche Problem stellte ein Kerl dar, der nicht größer war als ich und der sich keinen Deut um die Befehle derer scherte, die ihn zurückriefen. Vor der Sorte hatte man mich gewarnt. Für die Hetzjagd gezüchtet und von manchen Zweibeinern dafür sogar mit Katzen im Training fit gemacht, sind sie diejenigen, die dafür sorgen, daß die Geschichten von Hund und Katz als natürlichen Feinden nicht verstummen.

Der Dackel, der sich in der Ankunftshalle ins Geschehen einmischte, besaß ähnliche Vorteile wie ich. Er war schnell und wendig, kümmerte sich weder um zufällige noch sich ihm gewollt in den Weg stellende Hindernisse und besaß die Ausdauer, um auch über einen längeren Zeitraum der einmal aufgenommenen Spur zu folgen. Erst in letzter Sekunde konnte ich mich auf die Theke eines Informationsschalters retten.

Leidenschaftliche Jäger scheinen den Verstand zu verlieren, wenn sie sich so dicht vor dem Ziel wähnen und doch nicht herankommen. Wie oft hatte ich zugesehen, wie Barzi versuchte, auf einen Baum zu klettern – nur weil dort eine Eichkatze saß. Hunde mögen gut rennen und über Gräben springen, schwimmen und (mit entsprechender Nachhilfe) sogar fliegen können. Hüpfen und Klettern ist mehr etwas für Affen.

Der vom Verfolgungseifer gepackte Dackel dachte nicht daran, daß ihm die anatomischen Voraussetzungen fehlten, um mir zu folgen, und schickte sich an, die Theke hochzuspringen – sehr zum Vergnügen der herumstehenden Zuschauer. Seine wiederholten, wie nicht anders zu erwarten, vergeblichen Versuche endeten jedesmal mit einem Punktverlust. Denn sobald er den für ihn möglichen höchsten Punkt erreicht hatte, gab ich ihm eins auf die Schnauze.

Wahrscheinlich hätte er seine Attacken erst beendet, wenn seine Spitze reif für ärztliche Behandlung gewesen wäre. Mittlerweile bekam ich jedoch Verstärkung. Barzi erwischte meinen Belagerer, als er zu neuem Höhenflug ansetzen wollte.

Es ist eigenartig, wie ungleich die Menschen auf Auseinandersetzungen zwischen anderen reagieren. Gab es zuvor ein durchaus anteilnehmendes, aber insgesamt gesehen zurückhaltendes Publikum, so änderte sich das sofort als der größere Hund den kleineren am

Schwanz packte. Zugegeben: der Kleine hatte Mut und zeigte, noch als er auf dem Rücken und Barzi über ihm lag, weder Reue noch Resignation. Ungeachtet seiner ausweglosen Lage trachtete er, wiederum von unten, den verlorenen Boden gutzumachen.
Da griffen diejenigen ein, die Hund und Katz zwar im Beißen und Kratzen unterlegen sind, sich dafür aber auf andere Weise durchsetzen. Putzi zog an seinem Labrador-Pointer, der Besitzer des Dackels gab sich Mühe, den Kleinen festzuhalten, ohne selbst von diesem gebissen zu werden.
Ich kam endlich dazu, Toilette zu machen, bis Edith mich abholte. Von meinem Logenplatz an ihrem Hals aus wurde ich Zeuge einer Diskussion über Ursachen und Wirkung im Verhalten von Tieren und Menschen. Eine Unterhaltung, die mich beim besten Willen nur schwach interessierte.
Endlich war die Familie wieder vereint – ein Zustand, der uns am liebsten ist. Denn es stimmt ja überhaupt nicht, daß wir unbedingte Einzelgänger sind. Individualisten brauchen ebenso wie ausgesprochene Herdentiere die Gemeinschaft, die ihnen, ohne sie zu erdrücken, das beruhigende Gefühl eines sicheren Umfelds gibt. Auch wenn sie sich dann und wann gern in eine stille Ecke, eine Schrankschublade oder unter den Tisch zurückziehen.
Daddy saß am Lenkrad, Barzi neben ihm. Als Mammi dagegen Bedenken geäußert hatte, war unser Anführer auf die Idee verfallen, seinen nicht ganz sitzfesten Hund einfach anzuschnallen. Diese Lösung erwies

sich als recht praktisch, blieb dadurch doch der gesamte hintere Teil des Autos zur Verfügung von uns anderen.
Schade, daß Nobbi, der in Amerika geblieben war, fehlte. Seinen Platz zwischen Oma und Edith nahm mein Kennel ein. Ich selbst probierte nacheinander Omas und Mammis Schoß aus, beide waren mir heute aber zu unruhig. Dem Dach meines Transportbehälters fehlte das weiche Polster. So machte ich's mir schließlich auf der Ablage am Rückfenster bequem. Von dort aus ließen sich die spannenden Ereignisse auf der fremden Straße beobachten, ohne daß man auf der Hut sein oder sich aufregen mußte.
Der Rest der Familie schien meine Meinung allerdings nicht zu teilen. Sogar derjenige, der auf Grund seiner Abstammung gegen jede Art zweibeiniger Nervosität immun sein sollte, zeigte sich während der Fahrt gereizt.
»Vorsicht!«
Ediths Ausruf folgte ein unsympathisches Quietschen. Unser Auto blieb plötzlich stehen. Putzi schlug mit der Faust auf seine Hupe und behauptete, der Fahrer vor ihm sei besoffen.
»In Florida hatten wir solche Aufregungen nicht«, seufzte Oma, nachdem ich bei dem außerordentlichen Stopp noch ein Stückchen weitergefahren und in ihren Nacken gerutscht war. Dabei hatte ich meine Stellung sofort korrigiert, und es war keiner zu Schaden gekommen.
Daß Edith mich daraufhin von meinem Ausguck zu-

rückholte und mich neben sich aufs Dach des Kennels setzte, weil sie mich dabei besser im Griff behalten konnte, wunderte mich schon gar nicht mehr. Es war nur ein weiteres Beispiel für die übertriebene Fürsorge gewisser Menschen, die jenen, die sie gern haben, einfach nicht zutrauen, daß sie auf sich allein aufpassen können.

Bei Gelegenheit löste ich mich aus Mammis liebevoller Umklammerung und lehnte mich, hinten festgehalten, mit den Vorderpfoten über die Lehne von Barzis Sitz. Was demjenigen, der mir erst vor kurzem so tatkräftig seine Zuneigung bewiesen hatte, offenbar so auf die Nerven ging, daß er mich anknurrte.

Gleich darauf fand er einen neuen Orientierungspunkt. Zwischen den Häusern, die hier so hoch waren wie in Florida die Bäume, kamen wir nicht weiter, weil andere Autos uns den Weg versperrten.

»Ach du lieber Gott, was für ein schrecklicher Verkehr!« seufzte Oma, während Barzi sich mit einem Kläffer zu streiten begann, der aus dem offenen Fenster des neben uns haltenden Wagens heraushing. Den Disput unterbrach er zwischendurch lediglich, um sich zwischen seinen Herrn und dessen Lenkrad zu drängen, weil auf dieser Seite die anhaltende Huperei eines weiteren Autos seinen zusätzlichen Ärger erregte.

Da sich der Begleiter des Kläffers über das anschließend ziemlich lautstark fortgesetzte Streitgespräch der beiden auch noch zu amüsieren schien, riß Putzi der Geduldsfaden. Brüllend befahl er wenigstens für

seinen Einflußbereich absolute Ruhe – und schloß sogar Oma und sein Weibchen ein.
Barzi gehorchte zunächst, vergaß aber im nächsten Moment schon wieder, daß ihm Prügel angedroht worden waren, falls er nicht still sei. Die Situation spitzte sich weiter zu, als sich ein Passant im Wolfspelz einmischte und – statt Front gegen den frei zugänglichen Kläffer zu machen – an unserem Auto hochsprang.
Gerade noch rechtzeitig konnten wir losfahren. Und Daddy brauchte nicht, wie angekündigt, auszusteigen, um dem Nachbarn »Bescheid zu sagen«, und den Wolfshund »zum Teufel zu jagen«. Er konnte sich auch die dem eigenen Familienmitglied angebotenen Hiebe ersparen, die ihm sowieso schwergefallen wären. Denn Putzi ist ein Mann der Worte, nicht der Schläge, wie ich aus zweijährigem Zusammenleben mit ihm sehr wohl wußte.
Zum Glück dauerte die Fahrt nicht mehr allzu lange. Bald darauf erreichten wir unser neues Zuhause. Immerhin hatte ich eine weitere Erkenntnis gewonnen. Es ist nicht gut, wenn Mensch, Hund und Katz im Auto eingezwängt sind, dabei in Staus geraten und sich außerdem mit besoffenen und aggressiven Verkehrsteilnehmern herumschlagen müsssen!

Die meisten Katzen möchten ins Haus, wenn Sie im Freien sind oder umgekehrt und oft beides gleichzeitig.

Ursula von Zdroick/
Elisabeth Effenberger

Katzenpost

Lieber, getreulicher Bartel, ferner Freund der schönen Briefe –

wenn Du wüßtest, wie weit weg von mir Du jetzt bist, würdest Du staunen! An Briefeschreiben war leider lange Zeit nicht zu denken, wie Du wohl gemerkt haben wirst, und ich kann nur hoffen, daß Du mich inzwischen nicht vergessen hast oder gar gemeint, ich hätte Dich schnöde im Stich gelassen. Warum Du nichts von mir gehört hast und das wohl auch vorläufig so bleiben wird, das sollst Du nun endlich erfahren. Meine liebe Freundin muß wohl auch schon ein schlechtes Gewissen gehabt haben, denn als ich vorhin ein paar Akten von ihrem Tippkasten heruntergefegt habe, die schon eine ganze Weile unbenutzt darauf herumgelegen haben, rief sie mich, nachdem sie alles aufgesammelt hatte, zurück und sagte: »Komm her, Grisi. Hier hast Du Papier zum Knistern.« Man muß sie eben zu erziehen wissen.
Du hast in Deinem letzten Brief gefragt, warum ich so traurig und eine Stubenkatze gewesen bin. Es hatte etwas damit zu tun, daß ich zum Doktor mußte, daß ich viele Tage hintereinander nicht raus durfte und

zweimal täglich etwas Weißes, Bitteres in den Rachen gestopft bekam. Ich habe nämlich in einem fort ins Kistchen gemußt, aber die Meinige hat es erst gemerkt, als ich mich unter anderem auch auf den weißen Hirtenteppich gesetzt hatte, weil ich versuchen wollte, ob es vielleicht irgendwo besser ging als immer bloß mit drei Tröpfchen, die noch dazu ganz abscheulich weh getan haben. Ich bin mittlerweile wieder ganz gesund geworden. Aber danach gab es anderes, was mir Unbehagen genug bereitet hat. Als nämlich die großen Kisten angekommen sind – Du erinnerst Dich, lieber Bartel? –, sind nämlich allmählich durchaus nicht nur Bücher darin verschwunden. Stell Dir vor, es ist buchstäblich alles dort hineingesteckt worden, was wir hatten! Zuerst fand ich es ja noch ganz lustig, überall zu stöbern und nachzuforschen, ob man nicht manches aus dem schönen Knisterpapier wieder auspacken konnte: Mal ein Kissen, mal einen schönen glitzernden Löffel, mal einen der glänzenden, glatten Glasgegenstände, die vor mir sonst in Sicherheit gebracht worden waren, weil ich sie so gern mit der Pfote von oben nach unten befördert und dann hinterhergeschaut und mich gefreut habe, wenn es ordentlich schepperte. Zuletzt war für mich nur ein Kissen zum Schlafen übriggeblieben; nicht ein interessantes Plätzchen mehr, nachdem die Kisten zugenagelt und weggetragen worden waren. Die Meinige war übrigens ziemlich kribbelig in dieser Zeit, was ich sonst gar nicht an ihr kenne. Und dann ist eines Tages einer jener Zweibeiner bei uns erschienen, die lange Hosen tragen. Schon immer, wenn der einmal bei uns aufgetaucht war, bin ich ein wenig ins Hintertreffen geraten, vor allem nachts. Er muß ihr wohl beigebracht haben, mich nicht ins Schlafzimmer hineinzulassen, was ich natürlich jedesmal übel aufgenommen habe. Aber inzwischen habe ich mich wieder durchgesetzt, und ich darf am Fußende schlafen. Bevor es aber soweit war, lieber Bartel, hat es noch eine Menge anderer Schwierigkeiten gegeben. Eines Tages nämlich kamen Petra und Bodo. Ich wurde ihnen mit vielen Ermahnungen von meiner lieben Freundin so recht zärtlich in meiner Tasche übergeben, und danach habe ich die Meinige so undenkbar lange nicht wiedergesehen wie nie zuvor. Zwar war es, wie immer, dort recht abwechslungsreich – Du weißt ja, das Dach, die Suse, die Tinka –, aber meine liebe Freundin ging mir doch recht ab, und ich habe mich bei Petra manchmal bitter beklagt. Sie hat mich dann getröstet und gemeint, eines Tages käme sie bestimmt wieder. Und so war es auch. Nur kam sie diesmal nicht allein. Und wer war mitgekommen, lieber Bartel? Na? Kannst Du's erraten? Also gut, ich sag's Dir. Es war der mit den langen Hosen! Aber irgend etwas war anders geworden zwischen ihnen, und er dachte auch im Traum nicht daran, wieder wegzugehen. Sie waren beide einträchtig zu keinem andern Zweck angereist gekommen, als mich mitzunehmen. Aber wenn Du glaubst, daß es zurückging in unsere alte, gewohnte Behausung, dann irrst Du Dich, mein lieber Bartelkater! Sie sind sehr, sehr lange weit weg mit mir gefahren, alles war so

fremd und ungewohnt. Ich war sehr beunruhigt und habe ihnen deshalb ganz schön zugesetzt unterwegs mit Klagen und Herumklettern im Wagen. Meine liebe Freundin mußte nicht nur mich beruhigen sondern auch den Mann, den sie übrigens Alexander nennt, weil der gemeint hat, dann müsse ich halt in die Tasche gesteckt werden. Aber sie hat gesagt, dann würde ich noch mehr durchdrehen.
Aber weißt Du was, Bartel? Ich hätte mich überhaupt nicht so aufzuregen brauchen – wenn man nur alles schon vorher wüßte! Da wo ich jetzt bin, geht es mir nämlich großartig. Alles ist ungefähr so wie bei Petra und Bodo, nur ist allein schon das Dach viel größer und hat nicht nur eine, sondern mehrere Luken, durch die man ins Haus hineinschlüpfen kann. Ich habe die Gelegenheiten unterm Dach auch gleich als erstes gründlich ausgeforscht. Es gibt Höhlen, Schränke und Regale mit alten Büchern und Spinnenzeug jede Menge. Meistens komme ich von dort oben total verstaubt herunter und werde geschimpft, denn die Meinige hat jetzt ein ganzes Haus zu versorgen, und ihre Tippmaschine steht nur mehr im Verborgenen in einem kleinen Zimmer, in das sie sich zurückzieht, wenn der neue Alexander nicht da ist, was aber nicht oft vorkommt. In dieses Zimmer bin ich anfangs längere Zeit eingesperrt worden. Sie haben mir aber gottlob regelmäßig mein Futter hereingebracht, und auch der neue Mann ist öfter gekommen und hat versucht, das Aug'-in-Auge-Spiel mit mir auszuprobieren.
Er tut etwas, wobei die Meinige ihm hilft. Ich sehe,

daß eine ganze Menge Leute zu ihm ins Haus kommen und mit kleinen weißen Zettelchen wieder weggehen. Das Zimmer, in das die Meinige sie hineinführt, darf ich um alles in der Welt nicht betreten. Na gut, dann lasse ich es eben, es gibt eh nichts Besonderes darin zu entdecken. Ich habe nur mal eins von den kleinen Fläschchen umgeworfen, die in einem Schrank aufgereiht waren, als dieser offen stand. Es hat so unwahrscheinlich gut daraus gerochen, daß es mich ganz närrisch gemacht hat und ich gar nicht wieder aufhören konnte, alles aufzulecken, was ausgeflossen war. Leider hat das ganze Zimmer danach gerochen, so daß sie mir auf die Schliche gekommen sind. Und dann hatten sie abends einmal eine der beiden Liegen im Zimmer so blütenweiß und frisch bezogen, daß ich dieser Einladung nicht habe widerstehen können und eine Nacht darauf zugebracht habe. Seitdem passen wir aufeinander auf wie die Luchse. Sie, ob ich auch draußen bleibe, und ich, ob sie vielleicht einmal lange genug abwesend sind, damit ich mich in Ruhe wieder einmal im Zimmer umsehen kann. Aber so sehr wichtig ist es mir nicht. Viel besser ist, daß ich jetzt einen eigenen Garten habe und eine Klappe in der Tür, die immer gerade dann, wenn ich es will und wenn ich sie nur ganz wenig berühre, auf und zu geht. Zuerst konnte ich es gar nicht fassen, es ist fast zu schön, so frei in seinen Entschlüssen zu sein!

Liebster Bartel – ich weiß, daß Du in Deiner weisen und philosophischen Betrachtung des Lebens ganz sicher nicht vor Neid erblassen wirst, wenn ich Dir von

so hervorragenden Dingen erzählen muß. Ich hätte Dir sonst vielleicht nur gesagt: Bartelkater, es war ein feines Treffen mit Dir, jetzt bin ich weggezogen, leb' wohl . . . Aber wir haben gemeint, das können wir Dir und auch Deiner lieben Dame nicht antun, so gute Freunde, wie ihr gewesen seid! Du wirst auch sicher wieder von mir hören, nur wann das sein wird, ist ganz ungewiß. So viel Zeit wie vorher habe ich nämlich nicht mehr, das habe ich schon gemerkt. Ein Glück, daß ich wenigstens Erfolg mit dem Schlafzimmer hatte!
Lieber Bartelkater, vielleicht schreibst Du mir ein Abschiedskärtchen? Ich denk an Dich, die Meinige natürlich auch, sie war ja sowieso ganz vernarrt in Deine schlanke Linie und in Dein wunderbares, gelassenes Wesen, in Dein Profil und in ich weiß nicht, was sonst noch – eifersüchtig bin ich aber nicht gewesen. Zuletzt jedenfalls bestimmt nicht mehr, als ich dich nicht mehr zu sehen brauchte, und daran kannst Du erkennen, wie ich Dich wirklich sehr gemocht und geschätzt habe, lieber Bartel.
Ich denk' an Dich – denk' Du an mich – adieu, adieu.

Deine Grisikatze

Ach, liebe Grisikatze,

was diese Menschen alles treiben, worauf wir keinen Einfluß haben! Da bist Du nun so weit fort, daß ich's mir gar nicht vorstellen kann. Und wenn ich nicht erfahren hätte, wie gut es Dir geht, wieviel Möglichkeiten zu Abenteuern Du hast in Deiner neuen Umgebung, die Du ja immer mehr Bewegungsfreiheit als ich hattest, wäre ich sehr viel trauriger über diesen Gang der Dinge. So – Du hast recht, Neid quält mich nicht. Ich kann mir gut vorstellen, wie rasch Dein Vergnügen an den beginnenden Veränderungen sich in Unruhe verwandelte. Jedenfalls bin ich froh, daß Du Dich fürs erste durchgesetzt hast, was das Schlafzimmer angeht. Auch bei uns, die wir kein Haus haben, gibt es ja Räume, in denen ich mich nicht erwischen lassen darf. Damit findet man sich ab, wenn nur sonst alles stimmt. Einen freundschaftlichen Rat möchte ich dir geben, weil ich in diesem Punkt etwas an Erfahrungen voraus habe. Laß Dich von dem Zweibeiner in Hosen nicht unterkriegen! Ich kann mich gut erinnern, bei uns gab es auch einen solchen, viele Jahre, der mir immer die Aufmerksamkeit der Meinigen abgewann. Und er gefiel sich noch dazu in markigen Sprüchen, die an meine Ohren gerichtet waren: »Ich bin kein Katzenfreund!« Getan hat er mir nichts; aber er konnte es auf den Tod nicht ausstehen, wenn ich auf der Bettdecke zu treteln anfing. Dann brummte er und boxte mich weg, weil er sich am Einschlafen gehindert fühlte. Die Meinige packte mich dann gewöhnlich kurzerhand und bettete mich an ihre Seite, trieb mir mit viel Streicheln weitere Gedanken an Unruhe aus, bis ich mich schnurrend ins Schlafen ergab. Aber ich kann Dir verraten, meine liebe Grisi, der Mann meinte das, was er sagte, nicht so wörtlich. Er ließ sich nämlich keine Ge-

legenheit entgehen, wenn er an mir vorüberkam, irgend etwas, das er gerade in der Hand hielt, an meinen Pfoten verlockend vorbeizubewegen, damit ich danach haschen sollte. Das gefiel uns beiden. Und er hat mit mir hinter der Polsterung der Sessel raschelnd Mäusefangen gespielt, und wir konnten wunderbar miteinander Fangen spielen, wenn ich nämlich im Vorzimmer um die Ecke lugte und er aus dem Wohnzimmer trat. Dann stampfte er ein paarmal auf, um mich scheinbar in die Flucht zu jagen, worauf ich natürlich einging. Die Sprünge und Haken, die ich dabei schlug, sind an unseren Tapeten noch zu sehen. Die Meinige kann das nicht so gut, wie er es konnte. Auf seinem Schoß zu sitzen, habe ich nie erreicht; denn er saß nie still, ohne irgend etwas zu tun, zu schreiben meistens. Nun ist er schon lange verschwunden und meine Freundin war sehr, sehr traurig damals, als sie zuerst monatelang weg war und schließlich ohne ihn zurückkam. Aber manchmal, wenn sie sich erinnert, nimmt sie das Mäusefangen mit mir auf. Ich wollte Dir das nur sagen, weil Du schriebst, der Zweibeiner habe schon das Aug'-in-Auge-Spiel mit Dir versucht. Es ist ein sehr gutes Zeichen dafür, daß er zu erziehen ist. Du darfst nur nicht zuviel Zeit versäumen. Die Menschen erliegen ihren Gewohnheiten sehr schnell, und was einmal selbstverständlich geworden ist, läßt sich nur schwer wieder verändern.
Ich wünsche Dir eine schöne, erlebnisreiche Zeit in Deinem neuen Heim. Und wenn Du mir schreiben wirst, werde ich mich immer darüber freuen. Wir

werden im Sommer, wie ich hörte, für eine Zeit im Haus der Freunde wohnen, die mich immer aufnehmen, wenn die Meinige für länger verschwindet. Da werde auch ich wieder einen Garten haben und werde auf meinen Streifzügen, die allerdings nicht so riskant sind wie die Deinen, an Dich denken und mir vorstellen, was Du jetzt alles erlebst. Es war schön, immer auf Briefe von Dir zu warten und Eindrücke und Fragen auszutauschen. Wenn es allzu lange dauert, bis ich wieder von Dir höre, werde ich die Meinige vielleicht bitten, mir von den alten Briefen einen vorzulesen. Deiner Dame, die eine so freundliche Meinung von mir hat, empfehle ich mich mit einem Kratzfuß. Und ich schnurre Dir ein sehnsüchtiges, dankbares Lebewohl zu.

Dein Freund Bartel

Wenn du ihre Zuneigung verdient hast, wird eine Katze dein Freund sein, aber niemals dein Sklave.

THEOPHILE GAUTIER

Barbara Rütting

Auch ein Kater hat seine Probleme

Manche Menschen denken, wir Tiere seien dumm, wir könnten nicht denken. So was Blödes! Ich glaube nämlich, wir Tiere sind viel klüger als Menschen. Habt ihr schon mal einem Menschen zugesehen, der versucht, eine Fliege zu fangen? Zum Totlachen! Und wenn es ihm wirklich gelingt, dann frißt er sie nicht einmal auf. Dabei ist gerade so eine Fliege eine Delikatesse.

Ich bin ein Meister im Fliegenfangen. Ich habe da eine tolle Technik: Ich springe in die Luft und schlage von oben blitzschnell zu. Haps! schon habe ich sie verspeist.

Ich fange alles, auch Mäuse, Maulwürfe, Vögel – aber Vögel, das ist so ein Kapitel für sich. Davon erzähle ich euch später.

Neulich ist mir aber was ganz Blödes passiert beim Fliegenfangen. In unserer Familie wird sehr aufgepaßt, daß wir die Umwelt nicht verschmutzen. So kaufen wir kein Spray: kein Haarspray, kein Schuhspray und also auch kein Spray gegen Insekten. Mit dem Spray ist das nämlich so: Das Gas zerstört die gute Atmosphäre, die unsere Erde umgibt. Und wenn viele Leute immer wieder Spray in die Luft sprühen, kann es so weit kommen, daß eines Tages alle Menschen krank werden. Uns wird das noch nicht passieren, aber vielleicht den Kindern und Enkelkindern. Und die sollen doch auch in einer schönen Natur leben, sagen Barbara und Lutz. Damit haben sie ganz recht, finde ich.

Also neulich brachte nun Barbara einen Fliegenfänger mit nach Hause. Wie ihr euch vorstellen könnt, gibt es im Sommer auf einem Bauernhof viele, viele Fliegen. Sie befestigte den Fliegenfänger mit einem Reißnagel an der Küchendecke. Von dort baumelte er lustig auf den Tisch herunter.

Ein Fliegenfänger sieht aus wie ein gelbes Band, ist klebrig und riecht ganz süß, wie Honig. Wenn die Fliegen davon naschen wollen, bleiben sie kleben. Das ist zwar furchtbar für die Fliegen, aber leider geht es nicht anders. Sonst legen sie nämlich Eier in den Käse, und wenn man dann beim Abendbrot ein Stückchen davon abschneiden will, purzeln einem die dicken Maden entgegen.

Ich hatte noch keine Bekanntschaft mit so einem Fliegenfänger gemacht, aber das sollte kommen. Eine ganz dicke fette Fliege surrte um das Ding herum. Und da dachte ich mir, ehe die Fliege dran kleben bleibt, kann ich sie genausogut verzehren.

Ich sprang also auf den Tisch und langte mit der Pfote nach der Fliege. Aber: Ich schlug zu heftig zu und traf den Fliegenfänger. Gleich klebte er an meiner Pfote. Die Fliege haute natürlich ab.

Sie lachte sich eins, glaube ich. Sie setzte sich nämlich

auf unseren grünen Kachelofen, putzte sich die Flügel und beobachtete, wie ich mit der freien Pfote versuchte, die andere, festgeklebte vom Fliegenfänger loszukriegen. Doch da klebte die auch fest! Je mehr ich zog, desto mehr klebte alles. Auf den Hinterbeinen balancierend, zog ich mit den festgeklebten Pfoten an dem verdammten Fliegenfänger – da riß er ab und fiel mir auf den Kopf.

Die olle Fliege auf dem grünen Ofen brummte so laut vor Lachen, daß sie sich bestimmt in die Hosen gemacht hat.

Natürlich wäre es vernünftiger gewesen, ruhig zu bleiben, aber ich geriet richtig in Panik, und dadurch wurde alles nur noch schlimmer. Mit den Hinterpfoten versuchte ich, den Fliegenfänger vom Kopf zu streifen. Dabei schlang er sich auch noch um meinen Hals. Ich vollführte einen wahren Kriegstanz, um mich aus dem Ding rauszuwinden. Schließlich wickelte er sich wie eine Spirale um meinen ganzen Leib. Wie ich so verzweifelt auf dem Küchentisch rumhopste, kam Barbara in die Küche.

»Malefizbua!« schrie sie. Damit war ich gemeint. Das ist österreichisch und heißt auf deutsch etwa Teufelsbraten.

Sie nahm in beide Hände Papier und dreht mich vorsichtig aus der Fliegenfängerspirale heraus. Dabei wurde sie auch noch klebrig. Dann steckte sie den Fliegenfänger in den Ofen, und er brannte sofort lichterloh.

Keine einzige Fliege war an ihm dran. So habe ich

noch den Fliegen das Leben gerettet, ohne es zu wollen.
Barbara wollte mich abwaschen, mit Wasser und Seife! Das gab sie aber bald auf, weil ich so meckerte und mich sträubte.
»Du mit deiner rauhen Zunge kannst das sicher viel besser, Fettucini«, sagte sie und sah zu, wie ich mich putzte.
Aber, ach du grüner Kater! Hatte ich zu arbeiten, bis ich wieder einigermaßen sauber war!

Die französische Schriftstellerin Collette war eine große Katzenliebhaberin; als sie bei einem Besuch in Amerika eine Katze auf der Straße sitzen sah, beugte sie sich hinunter und nachdem die beiden eine Weile gemeinsam geschnurrt hatten, rief Collette ihrem Begleiter zu: »Wenigstens einer, der hier Französisch spricht«.

RENATE FABEL

Mit Kind und Kater

Während Joseline liebevoll ihr hellgelbes Häkelzeug ausbreitete, machte Georg mit Anton einen Intelligenztest. Das heißt, eigentlich brauchte er den Kater gar nicht dazu. Er kannte seinen Liebling so gut, daß er die Fragen allein beantworten konnte. Trotzdem – Anton schien zu merken, daß es um seine Person ging. Mit artig zusammengestellten Pfoten und um den Bauch geringelten Schwanz hörte er sitzend zu, was Georg alles über ihn zu wissen glaubte.

»Reagiert Ihre Katze auf Musik oder Rhythmus? Sitzt sie auf dem Klavier oder dem Radio, bewegt sie sich rhythmisch nach der Musik, tanzt sie, wiegt sie sich, zuckt sie mit dem Schwanz?« las Georg laut aus dem Buch vor. Er musterte Anton. »Nein, nichts davon. Er ist völlig unmusikalisch. Also heißt die Antwort ›niemals‹. Das ergibt einen Punkt.«

»Das mit dem Klavier haben wir nie ausprobiert«, wandte Joseline ein. Sie war dabei, eine sogenannte »Ausfahrdecke« für den Kinderwagen zu häkeln. Das ging am einfachsten, und man mußte nirgendwo Maschen abnehmen. »Außerdem – *ich* bin sehr musikalisch.«

»Du, du, du«, machte Georg ungeduldig. »Was hast du

mit dem Kater zu tun? Du pflegst doch jetzt andere Interessen, also mische dich bitte nicht in unsere Angelegenheiten. Weiter im Text. Ist Ihre Katze in der Lage, ihr Mißfallen an der vorgesetzten Nahrung zu äußern? Schmeißt sie den Napf um, benützt sie ihn als Katzenklo?« Er runzelte die Stirn. »Eine saudumme Frage. So etwas tut doch ein Kater wie unserer nicht. Dreht sich höchstens zur Seite und schleicht enttäuscht davon. Nicht wahr, Stinkbär?« Anton, der nur Nahrung verstanden hatte, klopfte mit dem Schwanz bedeutungsvoll auf den Boden.
»Nicht solche Ausdrücke, bitte«, monierte Joseline, sie hatte gerade eine Masche verloren. »Wenn dich das Baby hört.«
»Kann es ruhig, ich habe nichts zu verbergen.« Georg war die Ruhe selbst. »Frage Numero drei: Äußert Ihre Katze ihre Gefühle gegenüber anderen Tieren oder Personen des Haushalts – Neid, Liebe, Sorge?« Er hielt inne. Die Frage machte ihm Spaß.
Joseline hob den Kopf. *»Mir* gegenüber Liebe«, betonte sie. »Dir gegenüber – nun vielleicht Sorge?« Das war keine Frage, sondern eine Feststellung.
Georg reagierte beleidigt. Wer kümmerte sich denn hier seit Wochen, nein, seit Monaten um das Wohl Antons? Ohne ihn bekäme der arme Kerl doch ebensowenig zu essen wie er selbst. Joseline zeigte sich gerade noch bereit, Dosen zu öffnen, eine nach der anderen, mehr nicht. Die übrige Zeit hatte sie ganz andere Dinge zu tun, Nestchen bauen . . . Wie beispielsweise jetzt. Was fummelte sie denn da wieder herum?

»Eine Schmuckdecke für den Kinderwagen«, erklärte Joseline stolz. »Habe ich als Baby auch gehabt. Am Schluß kommen Spitzen darum herum.«
»Ricarda hatte eine Pelzdecke«, erinnerte sich Georg. »Passend zu ihrer Persianerjacke. Ich habe ihr beides im Krankenhaus überreicht.«
So etwas hörte Joseline besonders gern. Gerade jetzt, wo die Exfrau wieder einmal per Anwalt mehr Unterhalt gefordert hatte. »Bravo«, sagte sie böse. Im nächsten Augenblick schrie sie Anton an, um Himmelswillen ihren Wollknäuel in Ruhe zu lassen. Er stellte sich taub.
Georg nutzte die Gelegenheit. »Jetzt schreit sie dich schon an«, bedauerte er seinen Kater, der begeistert an einem Faden kaute. »Früher haben wir das nicht gehabt. Eine feine Entwicklung. Aber keine Angst, mein Lieber, ich verteidige dich schon.« Damit wandte er sich der nächsten Frage zu: »Hat Ihre Katze gelernt, mindestens fünf Schritte auf den Hinterbeinen zu gehen? So ein Quatsch, wir sind doch nicht im Zirkus. Legt sich Ihre Katze auf Simse und fällt im Schlaf herunter? Schon wieder so ein Unsinn. Was scheinen die bloß für Katzen zu kennen?! Aber jetzt wird es interessant.« Er legte den Finger an den Mund und las wie ein Erstkläßler. »Zeigt Ihre Katze Babys oder Kleinkindern gegenüber Ablehnung? Haßt sie Pudergeruch, nasse Windeln und Geschrei. Ja, Anton, was meinst du, was ich darauf antworten soll?«
Der Kater schüttelte seinen dicken Kopf. Das tat er aber wohl eher wegen des Wollstrangs, der ihn wie

eine Liane umgarnte. Wild ruderte er mit Armen und Beinen. Dafür war Joseline hellhörig geworden.
»Sag mal, willst du hier gegen mich Stimmung machen?«
Sie kniff die Augen zusammen. »Nur zu, paßt alles zusammen. Ihr gründet wohl einen Verein gegen mich?«
»Was heißt ›ihr‹?« wollte Georg wissen.
»Wer wohl! Du und der dumme Kater, der sich in seiner Gutmütigkeit zu allem mißbrauchen läßt!«
»Aber, das ist doch völliger Unsinn«, beeilte sich Georg zu versichern. »Außerdem – was regst du dich auf? Hör dir lieber die nächste Frage an, direkt kinderfreundlich: Legt sich Ihre Katze mit Vorliebe in eine Wiege und schmiegt sich an einen schlafenden Zwerg, pardon, Säugling? Wie viele Punkte soll ich dafür geben?«
»Du verstehst überhaupt nichts. Hast nie etwas verstanden und wirst nie etwas verstehen. Und warum: weil du hoffnungslos männlich und hoffnungslos von gestern bist.«
Mit diesen Worten schlug Joseline die Tür hinter sich zu. Die Vorstellung eines Anton in der Wiege mußte erstmal verdaut werden. Der Gedanke verfolgte sie Tag und Nacht.
Aber im Moment lauerte noch keine Gefahr: Anton flezte auf der Ausfahrdecke. Zwar war sie erst zu einem Viertel fertig und auch noch nicht umrandet – egal, er ließ sie nicht mehr los. Das erste Stück Babyeigentum, daß sich der Kater – im Einverständnis mit

Georg, da war sich Joseline sicher – unter die Kralle gerissen hatte.

*

Weihnachtsidylle: An diesem, dem größten, dem prachtvollsten Abend des Jahres schneite es nun ausgerechnet nicht. Föhnwetter hatte die sibirischen Schneestürme der letzten Wochen abgelöst, es taute und tropfte.

Um den in vielerlei Frühlingsfarben schillernden Himmel nicht dauernd vor Augen zu haben, hatte Joseline die Vorhänge zugezogen. Drinnen, im Wohnzimmer, dem augenblicklichen Weihnachtszimmer, herrschte festliche Stimmung. Die Kerzen am windschiefen Christbaum flackerten, der Duft von Glühwein und Tannennadeln lag in der Luft, und über den Teppich segelte zerknülltes Glanzpapier, rollten goldene Spiralen von Seidenband, von Anton sanft verfranst.

Joseline saß glücklich und zufrieden auf der Couch. Das heißt, so glücklich und zufrieden war sie eigentlich gar nicht. Gewiß – der kleine Ferdinand hatte getrunken, artig Bäuerchen gemacht und schlief jetzt in seinem Korbwagen wie das Jesukind in der Krippe (sie hatte seine schwarze Haartolle zu einem Heiligenschein gekämmt, was er sich glucksend und mit wild bewegter Oberlippe gefallen ließ) – und das war ja eigentlich die Hauptsache, aber da gab es noch das Problem mit Anton.

Wohlgenährt war er damals von seinem Ausflug zurückgekehrt, weigerte sich zu verraten, wo er sich inzwischen durchgefressen hatte (Joseline tippte: bei Kasimir), und beanspruchte wie in den besten Zeiten seinen Schlafplatz neben Joseline. Doch darin lag nun das Problem. Joseline mußte zweimal nachts aufstehen, um ihr Baby zu versorgen, und wenn sie sich dabei auch wie eine ägyptische Bauchtänzerin aus dem Bett schlängelte, um ihre Lieben ja nicht zu stören – Anton fühlte sich aufgescheucht und trabte verstimmt davon. Einige Anzeichen wiesen darauf hin, daß er bereits mit dem Gedanken einer neuen längeren Abwesenheit spielte (immer öfters starrte er sinnend in die Ferne), aber ein drittes Mal – das wußte Joseline – ein drittes Mal würde sie diese Tortur nicht überstehen. Also setzte sie alles daran, den Kater bei guter Laune zu halten. Sie fütterte ihn mit den auserwähltesten Leckerbissen, führte endlose Monologe mit ihm, polsterte sämtliche Balkonkästen mit Kissen aus. Ganz vorsichtig hatte sie ihn mit Ferdinand bekanntgemacht. Erst zeigte sich Anton sogar recht angetan von dem Winzling mit dem Milchgeruch, als das Baby dann aber alle zehn Fingerchen bewegte und gleichzeitig herzhaft gähnte, wich Anton entsetzt zurück. Sein Fauchen schnitt Joseline tief ins Herz. Sie wünschte sich nichts sehnlicher, als daß auch Anton ihr Baby liebte.

Daher ihre gespannte Miene. Georg nahm die Sache weniger ernst. Er hatte seinen Sohn Nummer zwei mit großem Stolz willkommen geheißen und bei Ricarda

seine alte Eisenbahn angefordert; jetzt räkelte er sich behaglich im Lehnstuhl und studierte die Geschichte des Kriegs von 1870/71, Joselines Weihnachtsgeschenk. Nebenbei kontrollierte er Anton, der sich vor dem feierlich aufgestellten Puppenhaus niedergelassen hatte, den kleinen Wolfgang Amadeus Mozart fest im Smaragdblick. Eine unbedachte Geste des Katers, und zweihundertachtundsiebzig Seiten deutsch-französischer Krieg würden durch die Luft segeln. Das wußte Georg, ahnte Joseline und anscheinend auch der Kater, denn er rührte sich nicht.
Bisher war der Abend friedlich verlaufen. Joselines Mutter – sie verbrachte Weihnachten bei ihrer Tochter Barbara – hatte telefonisch Grüße gehaspelt und Klein-Ferdinand symbolisch ans Herz gedrückt, die Schwiegermutter war auf eigenen Wunsch nach einem gemeinsamen Abendessen wieder in die eigenen vier Wände zurückgekehrt. Die Enge in der kleinen Wohnung und Antons unergründlicher Blick irritierten sie. Man würde sich am zweiten Feiertag zum Kaffee treffen. So blieb also die »junge« Familie für den Rest des Abends für sich.
Nervös blätterte Joseline in der Weihnachtspost. Eine Karte war von Petra. Sie hatte ebenfalls einen Jungen bekommen, allerdings unter wesentlich schwierigeren Umständen als die ältere Kollegin, und mußte noch ein paar Tage in der Klinik bleiben. Joseline wollte sie gleich morgen besuchen.
Von der nahen Kirche läuteten die Glocken. Fröhliche, selige Weihnachtszeit! Mit einem kleinen gequälten

Lächeln schwenkte Joseline Georg ihr Sektglas entgegen (der erste Alkohol seit dem letzten Frühjahr). »Prost, mein Schatz! Auf uns alte Kämpfer und den Neuankömmling! Prost!«
Er schwenkte lustig zwinkernd zurück, zufrieden mit sich, der Welt und diesem Weihnachtsabend. Hatte sich nicht alles bestens geregelt?
Aus den Augenwinkeln heraus beobachtete Joseline Anton. Stimmte er in den allgemeinen Friedenstoast ein? Es wäre ihr schönstes Weihnachtsgeschenk und war doch bei Gott nicht zuviel verlangt.
Da setzte sich der schwere Kater mit fast gazellenhafter Grazie in Bewegung. Das Puppenhaus schwankte unter seinem Tritt, und fast wäre der kleine Wolferl samt seinem gepuderten Zopf vom Schemel gekippt, doch ungerührt tigerte Anton weiter. Jetzt war er am Korbwagen angekommen. Ein kurzer Moment Pause – Anton dachte sichtlich nach –, dann duckte er sich zum Ansprung.
»He, hallo! Wie haben wir es denn da?!« Georg, dem keine Bewegung des Katers entgangen war, hob drohend sein Buch.
»Nicht«, wehrte Joseline nervös ab, »bitte nicht. Warte doch.« Trotzdem trat auch sie einen Schritt näher.
Überraschend sanft war Anton auf der gehäkelten Decke gelandet. Er schnupperte mißtrauisch daran herum, befand sie jedoch als ausreichend bequem für seine Bedürfnisse und streckte sich mit einem wohligen Seufzer darauf aus. Nicht am Kopfende, wie Joseline sich das in schlaflosen Nächten ausgemalt hatte –

dort schien es ihm zu unruhig zu sein –, nein, ganz, ganz unten. Jetzt hatte er endlich seinen Platz gefunden, na also. In Zeitlupentempo schlossen sich Antons Augen, mit der linken Hinterpfote umfaßte er Ferdinands gehäkelten Babyschuh. Das Baby gurgelte vor Vergnügen.

Dunkel schwangen die Glocken durch die Nacht, wieder und wieder. Die ganze Luft summte von ihrem Klang.

»Mistvieh, dummes!« sagte Georg zärtlich.

Wenn man einen Mann mit einer Katze kreuzen könnte, würde es den Mann verbessern, die Katze leider nicht.

MARK TWAIN

BERND PHILIPP

Französisch für Katzen

Ich weiß, daß es viele Menschen gibt, die Katzen lieben. Und die fast alles für ihre kleinen Freunde tun. Katzen werden hierzulande wie Götter verehrt. Man kann einen Menschen persönlich beleidigen, das nimmt er noch in Kauf. Das Schlimmste aber, was man ihm antun kann, ist, etwas Abfälliges über seinen Stubentiger zu äußern. Es gibt sogar Leute, die verreisen nie, weil sie eine Katze haben, die sie nicht allein lassen können.

Ich weiß, daß ich mir keine Freunde mache, wenn ich verrate, daß mir Katzen nicht geheuer sind.

Sie sind mir zu wild, zu unberechenbar. Ich mag auch nicht, wenn sie einen fixieren.

Einmal habe ich bei Freunden in Düsseldorf übernachtet. Ich kenne Ingrid und Essi seit über zwanzig Jahren, aber jetzt habe ich sie nicht mehr wiedererkannt. Sie haben sich gleich vier Katzen zugelegt! Eine hätte mir schon gereicht. Aber vier!

Zwei Minuten war ich in der Wohnung, da sprang mir schon die eine Katze auf die Schulter. Nachts hopste mir eine ins Gesicht und riß mich aus dem Schlaf. Ich habe von diesem Zeitpunkt an kein Auge mehr zugemacht. Was immer die Miezen auch angestellt

haben – die Gastgeber sagten stets: »Sind sie nicht süß?«
Auf der Couch im Wohnzimmer fand ich einen sehr aufschlußreichen Buchtitel: »Französisch für Katzen – Grundkenntnisse der französischen Sprache, die Ihre Katze im Leben braucht.«
Ich hätte mir denken können, daß die Katzen meiner Freunde sehr gebildete Tiere sind, die jeden Abend vor dem Einrollen noch das eine oder andere Kapitel lesen. Zum Beispiel Kapitel zwei: »Ce Que Je Fais« (Was ich tue).
Beispiel: »Ich sitze da und starre stundenlang ins Leere.«
Die Katze von Welt sagt: »Je reste assis et je regarde fixement dans le vide pendant des heures.«
Anderes Beispiel: »Ich sause ohne Grund von einem Zimmer ins andere.«
Die Katze mit Lebensart sagt: »Je cours rapidement d'une pièce à l'autre sans aucune raison apparente.«
Also, nichts gegen die Katzen meiner Freunde. Aber so eine olle Berliner Hinterhof-Muschi ohne Hochschulabschluß ist mir doch allemal lieber!

Eine Katze sieht keinen Sinn darin, einem anderen Tier zu gehören, nicht einmal dann, wenn dieses andere Tier zwei Beine hat.

Hilluschka Schwab

Solo

Wenn ich die Bäume mit meinen Händen berühre und den Vögelchen zupfeife, wenn ich die Blumen mit Worten streichle oder mich still zu den Möwen auf die Steine am Meer setze, dann spüre ich den Geist des Verlorenen in der Kraft des Alls. Im Atem Gottes. Mehr noch als Trost ist die Erkenntnis: Ich lebe!

Von den Bäumen die Standhaftigkeit
Von den Steinen die Unverletzbarkeit
Von den Tieren die Gelassenheit

Mit diesen Wünschen schließe ich mich der Erkenntnis eines weisen Chinesen der Antike an. Wenn aber in dunklen Nächten mich Gedanken um das Wissen unserer Endlichkeit bedrängen, wenn Bilder grausamer Ereignisse sich nicht verbannen lassen und die schönen Tage überschatten wollen, dann stehe ich schnell auf und gehe zu dem Platz, an dem ich Solo schlafend weiß.

Leise sage ich ein paar Worte in unserer gemeinsamen Sprache und streiche ihm langsam über seinen Rücken, bis meine Hand ermüdet. Obgleich er die Augen geschlossen hält und sich nicht rührt, läßt er auf seine Art erkennen, daß er mich wahrgenommen und begriffen hat. Erleichtert gehe ich zurück.

Kurz darauf spüre ich den Sprung weicher Pfoten auf meinem Bett, was nur in Ausnahmefällen gestattet ist, und Wärme durchströmt mich. Solo hat die bösen Gedanken verdrängt. Ich bin meiner Katze für ihre Hilfe dankbar und lasse es sie fühlen.
Hilfe genug, wenn so ein kleines Geschöpf dank seines ureigenen Instinktes eine Lücke im Leben eines Menschen auszufüllen vermag. So reift die beglückende Verantwortung. Für »es« dasein müssen, für »es« gebraucht werden, das gibt neue Impulse für Größeres.
In diesen Tagen springt Solo häufig unaufgefordert auf meinen Schoß, reibt sein Köpfchen an meinem Kopf und rollt sich in laut schnurrendem Staccato zusammen, während das Schwanzende im Takt dazu - ach, wie geht's mir gut - ach, wie geht's mir gut - gegen mein Schienbein schwingt.
Immer habe ich geglaubt, Tiere hätten kein Zeitgefühl, und das unsrige sei angelernt und angewöhnt. Das Zeitgefühl der Katzen ist jedoch begrenzt und auf die Stunde der Mahlzeit ausgerichtet. Solo ersetzt mir die Uhr, wenn er in jedem Fall pünktlich zum Essen kommt. Aha, denke ich oft erstaunt in der Mittagszeit, wenn Solo erscheint, jetzt müßte es 13.00 Uhr sein oder 19.00 Uhr präzise, wenn er am Abend eintrifft. Immer pünktlich.
Aber den Frühstückstermin habe auch ich niemals versäumt. Das ist die Stunde, auf die ich mich freue, die des beginnenden Tages. Die Stunde, in der die Natur erwacht. Die Stunde der stillen und heiteren Zweisamkeit mit meiner Katze, des emsigen Arbeitsbegin-

nes der Käfer und Insekten, denen wir zusehen, und der Vogelstimmen, denen wir zuhören. Wir sitzen unter der großen Pinie, über deren Äste hüpfen und flattern die Pajaros, kleine, in Andalusien beheimatete Vögelchen, denen Solo in völlig entspannter Haltung zuschaut. Für ihn sind sie keine Beutetiere, sondern gehören zu seiner Welt, die frei von Aggressionen ist. Das beste Beispiel gegen die irrige Meinung, Katzen würden bedingungslos lebende Singvögel erjagen und sie schonungslos umbringen, bietet meine Lieblingsgeschichte von der Katze und der Amsel:

Die schöne Puzzi, eine Kreuzung von edler Siam- und Wildkatze, lebt in beharrlichem Frieden mit Chica, der aus spanischer Gefangenschaft geretteten Setterhündin. In dem Grünwalder Haus meiner tierliebenden Freunde Franz und Sari Barabas-Klarwein sind sie seit langem die Lieblingskinder. Puzzi ist klug, hat viele Ausdrucksmöglichkeiten und zeigt Denkvorgänge menschlicher Art. Auch sie ist ein Wesen mit starker Beziehung zu ihren Menschen, von deren Liebe und Verständnis sie umgeben ist. Die Lebensharmonie der Menschen hat sich gewissermaßen auf die Tiere übertragen. Man ist gut zueinander. »Liebe« ist das Losungswort.
Eine starke Bindung zwischen Mensch und Tier kann für beider Leben von entscheidender Bedeutung sein.
Eines Tages liegt da eine Amsel im Garten, schwarz mit hellgelbem Schnabel und blanken Äuglein. Sie

bewegt sich nicht. Aber sie lebt. Die Amsel scheint aus dem Nest gefallen zu sein. Sie kann nicht fliegen.

Der Hund Chica nimmt die Amsel zur Kenntnis, zeigt sich zuerst neugierig, dann uninteressiert. Die Amsel verhält sich ruhig.

Doch da taucht die Katze auf.

Puzzi kommt langsam näher und betrachtet den Vogel. Die Amsel zeigt keine Angst. Sie blickt die Katze kurz an und steckt ihr Köpfchen ins Gefieder, so, als wolle sie ihre Ruhe haben. Puzzi akzeptiert es. Sie geht vorsichtig näher. Dann legt sie sich um den Vogel herum, wie zum Schutz, und schließt die Augen. Damit hat sie alles gesagt.

Von jetzt an übernimmt Puzzi die Betreuung der kleinen Amsel mit rührender Zartheit. Ihr mütterlicher Instinkt hat eine Aufgabe gefunden. Und Julischka, so wird die Amsel gerufen, hat volles Vertrauen zu der Katze, zu dem Hund, zu den beiden Menschen.

Zur Fütterung Julischkas sammelt Franz mühsam Regenwürmer, die von Sari mit einer Pinzette und viel Geduld ins offenstehende Vogelschnäbelchen balanciert werden. Puzzi schaut zu.

Sari und Franzl geben Julischka die ersten Flugstunden. Puzzi schaut zu.

»Weißt, Julischka«, sagt Franz, der Kammersänger mit dem schönen lyrischen Tenor, »jetzt mußt du auch singen lernen!« Er singt der kleinen Amsel eine Weise nach Vogelstimmenart. Und Sari, die »ungarische Nachtigall«, singt eine helle, nicht endenwollende Koloratur. Der Klang ihrer schönen, starken Stimme mit dem innigen Timbre, das auch den Reiz ihrer Persönlichkeit ausmacht, dieser Klang wird vom Wind weit hinausgetragen bis über die Kronen der alten Bäume. Da zwitschert und trillert Julischka eine lange Antwort. Sie klingt wie eine Liebeserklärung. Puzzi hört zu.

Groß und schön ist Julischka geworden, kann fliegen und singen. Und so ist sie eines Tages jubelnd in ihre Welt davongeflogen.

Lang hat man auf sie gewartet. Und eines Morgens, als Franz mit der Puzzi im Arm unter dem großen Akazienbaum stand, hörte er einen besonders schönen Triller über sich. Im selben Augenblick kam eine Amsel von der Akazie heruntergeflogen, direkt auf Franz' Schulter.

»Die Julischka!«

Mit einem zweiten Triller hat sie sich verabschiedet. Für immer.

Ganz still hat Puzzi dagesessen und schaute lange in die Richtung, in der die Amsel verschwunden ist.

Hunde kommen, wenn man sie ruft, Katzen kehren zu einem zurück.

MARY BLY

HUGO WIENER

Beim Tierpsychiater

Ich weiß nicht, was in ihn gefahren war, aber eines Tages erledigte unser Kater Jacky sein – wie soll ich es sagen – »kleines Geschäftchen« nicht wie gewöhnlich in seinem Kistchen, sondern in unserem Schlafzimmer. Und das nach fünf Jahren absoluter Reinlichkeit, und direkt auf den Tigerkopf, der mit anschließendem Fell vor meinem Bett liegt und den ich, während einer Afrikasafari, in Kenya selbst gekauft hatte. Wir wollten ihn nicht strafen. Wir behandelten die Angelegenheit äußerst taktvoll und verhielten uns ungefähr wie Queen Elisabeth und Prinz Philipp, als sie erfuhren, daß ihre Tochter, Prinzessin Anne, gewisse Beziehungen zu einem Bürgerlichen habe. Das heißt, wir machten uns nichts wissen. Einmal ist keinmal – vielleicht gibt er es von selbst wieder auf. Ich meine den Kater und nicht den Bürgerlichen. Letzterer hat es nicht aufgegeben, aber ›That's not our business‹, wie die Franzosen sagen, wenn sie Englisch sprechen. Ich nahm den Kater und trug ihn ins Vorzimmer, während meine Frau den Tigerkopf reinigte. Jacky sollte nicht wissen, daß wir sein Tun bemerkt hatten. Wir sprachen auch nicht darüber. Vorbei. Am nächsten Tag dasselbe, wenn auch mit einer kleinen Variante. Diesmal war es nicht der Tigerkopf, den Jacky beehrte, sondern der Frühstückstisch. Meine Frau sah mich stumm-verzweifelt an. »Was jetzt?« schien ihr Blick zu fragen. Ich schüttelte überlegen den Kopf. »Einmal ist keinmal, daher zweimal einmal, und einmal keinmal.« Nach dieser Feststellung, über die sich die Hugo-Wiener-Forscher einmal ebenso den Kopf zerbrechen werden wie unsere heutigen Wissenschaftler über das Hexeneinmaleins von Goethe, nahm ich Jakky und trug ihn hinaus. Meine Frau putzte inzwischen die Glasplatte unseres Frühstückstisches mit einem Mittel, von dem sie schon lange wissen wollte, ob es, wie die Dame im Fernsehen versichert, wirklich keine Kratzer macht. Es *macht* Kratzer. Schweigend frühstückten wir, bis meine Frau endlich sagte: »Jetzt habe ich es zweimal weggeputzt. Wenn es morgen wieder passiert, kommst *du* dran.« Ich nickte. Ich wußte, daß es nicht wieder passieren würde. Es passierte. Auf meinem Schreibtisch und grad auf einem Vertrag, den ich zur Unterschrift vorbereitet hatte. Meine Frau reichte mir mit einer gewissen Schadenfreude Tuch, Seife, Lysoform und Lysol, und bald roch es in meinem Arbeitszimmer wie in einem Operationssaal. Allerdings hätte sich das vermeiden lassen, wenn ich nicht die Flasche mit dem Lysol umgeworfen hätte. Es kam der nächste Tag. Wir erwachten, stiegen aus unseren Betten (wir haben zwei!) und untersuchten. Tigerkopf – nichts, Frühstückstisch – nichts. Schreibtisch – nichts. Fauteuil! Und grad einer von den neuen mit dem kostspieligen Seidenüberzug. »Es steht 2:1«, sagte meine Frau, »und es wäre wieder *deine* Sache, das zu entfernen, aber ich lasse mir durch deine vertrottelte Ungeschicklichkeit nicht auch noch ein Fauteuil ruinieren.« (Es war eine versteckte Anspielung auf die umgeworfene Lysolflasche.) Sie nahm ein Pulver, von dem eine Dame im Fernsehen behauptete, daß es jede Art von Flecken entfernt. Sie schüttete ein wenig auf die feuchte Stelle, ließ es eine halbe Stunde einwirken und bürstete es dann wieder weg. Der Fleck war entfernt, leider auch die Farbe des Seidenüberzugs. Das ist aber nicht die Schuld des Fernsehens. Übrigens sah es gar nicht so schlecht aus. Silberglänzende Seide mit diskretem Blumenmuster und einem weißen Fleck auf der Sitzfläche. Jacky müßte die andern drei Fauteuils genauso bearbeiten. Ob ihm das gelingt?

»Ich mache das nicht mehr mit«, erklärte meine Frau.

»Was willst du tun?«

»Ich rufe Frau Springer an.«

Frau Springer ist eine ausgesprochene Katzenfreundin. Sie muß es sein, sie hat neun Katzen. Ihr Mann ist ein ausgesprochener Katzenfeind. Er muß es sein, seine Frau hat neun Katzen. Eines dieser Tiere, den Kater Anatol, haßt Springer besonders. Dreimal hatte er ihn schon heimlich aus dem Haus getragen, Anatol war immer wieder zurückgekommen. Vor einigen Monaten wechselten die Springers ihre Wohnung, sie übersiedelten von der Stadt nach Grinzing. In der allgemeinen Aufregung, die jede Übersiedlung mit sich bringt, trug Springer den Kater wieder fort. Sechs Kilometer weit – eine fremde Gegend –, er überließ ihn seinem Schicksal. »Und?« fragte einer seiner Freunde, als er die Geschichte im Kaffeehaus erzählte. »Hast du ihn jetzt endlich verloren?« – »Verloren?« schrie Springer wütend. »Wenn ich dem Vieh nicht nachgelaufen wäre, hätte ich nicht mehr nach Hause gefunden.« Das nur nebenbei.

»Ich bin verzweifelt, liebste Frau Springer«, klagte meine Frau am Telefon. »Sie verstehen doch soviel von Katzen. Unser Jacky, der immer zimmerrein war, hat es sich nach fünf Jahren plötzlich anders überlegt. Was kann man da tun?«

»Das ist schwer«, hörte ich Frau Springer sagen. »Wenn eine zimmerreine Katze plötzlich nicht mehr zimmerrein ist, hat das seinen Grund. Am besten ist es, Sie gehen zu einem Tierpsychiater. Kennen Sie Dr. Leiser? Ich werde Sie anmelden, sonst müssen Sie stundenlang warten.«

Also gaben wir Jacky in seine Tragetasche und gingen zu Dr. Leiser. Ich war neugierig, wie die Untersuchung vor sich gehen würde. Wird man von Jacky verlangen, daß er, auf einer Couch liegend, von seiner Jugend erzählt? Man wird sehen. Im Vorzimmer warteten bereits Hunde, Katzen, Vögel. Auch ein Goldfisch war da. »Seit drei Tagen frißt er nicht«, erzählte sein Frauchen eben, worauf ein neben ihr sitzender Hamstereigentümer meinte: »Mit Fischen hat man es schwer, weil sie nicht verstehen, was man ihnen sagt.« – »Der versteht nicht?« entrüstete sich die Fischbesitzerin. »Der versteht jedes Wort. Wenn er schlimm ist, brauche ich ihm nur eine Sardinenbüchse zu zeigen und zu sagen: ›Damit du siehst, wohin schlimme Fische kommen!‹ – und schon ist er wieder brav.« Ich weiß nicht, inwieweit ein Goldfisch schlimm oder brav sein kann, ich hatte auch keine Zeit, darüber nachzudenken. Eben öffnete sich die Tür zum Ordinationszimmer und heraus trat der Tierpsychiater mit einer Dame, die einen Vogelkäfig mit einem Papagei in der Hand trug. »Schafskopf!« rief der Papagei dem Arzt zum Abschied zu. Alle Anwesenden lachten. »Der Nächste, bitte!« sagte der Arzt. Wir gingen hinein. Alle Anwesenden tobten. Es hätten vor uns noch zehn andere Tiere drankommen sollen. Die Hunde bellten empört, die Katzen miauten erbost, die Vögel kreischten wutentbrannt. Nur der Goldfisch blieb stumm. Er dürfte wirklich krank gewesen sein.

Wir nahmen im Ordinationszimmer Platz.

»Wir bringen Ihnen unseren Kater«, sagte meine Frau.

»Leiser«, sagte der Arzt.

Meine Frau flüsterte: »Wir bringen Ihnen unseren Kater.« Sie hatte vergessen, daß der Arzt Leiser hieß. Er hatte sich uns bloß vorgestellt. Das Mißverständnis wurde aufgeklärt. Wir lachten, soweit man in einem Ordinationszimmer lachen kann. Meine Frau berichtete, was Jacky in den letzten Tagen angestellt hatte.

»Hm«, machte Dr. Leiser. »Darf ich mir den Patienten einmal anschauen?« Dumme Frage. Wozu wären wir sonst gekommen? Wir nahmen Jacky aus seiner Tasche und setzten ihn auf den Schreibtisch. Ich hatte kein gutes Gefühl. Auf dem Schreibtisch verstreut la-

gen die Aufzeichnungen Dr. Leisers, und Jacky blickte sie abschätzend an, als ob er schon wieder etwas vorhätte und sich die für seinen Zweck am besten geeignete Aufzeichnung aussuchen wollte.
»Na, kleiner Mann?« fragte der Tierpsychiater und hielt Jacky den Zeigefinger hin. Jacky biß zu. Das hatte er noch nie getan. »Aggressive Depression«, meinte Dr. Leiser, während er die Wunde mit einem Pflaster verklebte. »Katzen sind Individualisten. Plötzlich paßt ihnen etwas nicht, sie empfinden ein seelisches Unbehagen, das sich, wie in Ihrem Fall, durch Unsauberkeit äußern kann. Es wäre nun der größte Fehler, den Kater ›erziehen‹ zu wollen und seine Nase in das von ihm geäußerte Unbehagen zu stecken. Das wäre ganz falsch. Das Tier ist ja nicht unsauber, sondern gekränkt. Die Ursache müssen wir aus dem Wege schaffen. Seien Sie nett zu ihm, befassen Sie sich mehr mit ihm als sonst, füttern Sie ihn, geben Sie ihm mehrmals am Tag ein Stückchen Fleisch, eine Rosine – was er eben gerne hat. Spielen Sie mit ihm. Und das Wichtigste: Beseitigen Sie alle Spuren, die er in den letzten Tagen hinterlassen hat, aus seinem Blick- oder Geruchsfeld. Stellen Sie die Möbel um, die Katze braucht Neuland. Geben Sie ihr Kistchen auf einen anderen Platz, die Katze wird das akzeptieren und sich wieder ändern.« Dr. Leiser schrieb noch ein Rezept für Baldriantropfen und eine Rechnung auf fünfhundert Schilling, und wir konnten gehen.
Jacky kränkte sich also. Aber worüber? Weil ihn unser Briefträger scherzhaft ein »dickes Kalb« genannt hat-

te? Das konnte es nicht sein. Auch nicht, daß unser Hausbesorger, Herr Matschek, fand, daß Jacky in gewissen Momenten eine Ähnlichkeit mit Frau Morländer vom dritten Stock habe. Nein Jacky war noch zwei Tage danach auf sein Kistchen gegangen. Oder? Sollte er die Beleidigungen zwei Tage in sich hineingefressen und erst am dritten Tag begonnen haben, sich zu kränken? All diese Fragen quälten uns, aber was immer es war, wir mußten mit der Therapie beginnen. Dr. Leiser hatte gesagt: »Geben Sie dem Tier mehrmals am Tag ein Stückchen Fleisch, eine Rosine – was es eben gerne hat.« Fleisch und Rosinen hatten wir nicht im Haus, wir schütteten also die Leber, die Jacky so liebt, in den Mülleimer und gaben dafür eine Banane in seine Freßschüssel. Das Tier hatte das *nicht* gern. Es sprang auf die Wäschebank und döste vor sich hin. Es kränkte sich. Was hatte Dr. Leiser noch gesagt? »Spielen Sie mit ihm mehr als sonst.« Ich sagte alle meine Verpflichtungen ab, darunter eine Theaterpremiere, ein Fernsehspiel und ein Cabaretprogramm. Meine Frau beauftragte ihre Managerin, ihr Engagement zu lösen und kein neues anzunehmen. »So, Jacky«, sagten wir, »jetzt werden wir mit dir spielen.« Wir knieten uns auf den Boden und spielten mit einem Ball, den Jacky ansonsten abzufangen und zu verstecken pflegte. Er fing ihn nicht ab, er versteckte ihn nicht. Er kränkte sich. Nach einiger Zeit bemerkten wir, daß wir – zwei ziemlich erwachsene Menschen – auf dem Boden knieten und miteinander Ball spielten. Jacky hatte uns längst allein gelassen. Angstvoll suchten wir ihn. Wir fürchteten, daß er seiner gekränkten Seele wieder einmal irgendwo Luft machen könnte. Auf der Klavierdecke zum Beispiel war er noch nicht gewesen. »Stellen wir die Möbel um«, sagte ich. Wir sperrten Jacky in eine Kammer und packten zu. »Das Tier braucht Neuland«, hatte Dr. Leiser gesagt, es sollte es haben. Nach ungefähr vier Stunden, in denen wir wie Möbelpacker gearbeitet hatten, ließen wir Jacky heraus. Er sah sich um. Wo war er? Er ging in das Schlafzimmer und fand keine Betten. An ihrer Stelle befand sich der Musikschrank aus dem Salon. Er lief in mein Arbeitszimmer, sprang auf den Schreibtisch und sah, daß er auf dem Küchenherd saß. Was war da los? Er wurde unruhig. Er jagte in den Salon und fand die vier Fauteuils um die Waschmaschine gruppiert. Er suchte den Tiger und entdeckte, daß dieser an der Wand hing. Und nun offenbarte sich uns die Genialität des Tierpsychiaters. Jacky geriet in Panik. Er rannte durch die ganze Wohnung, immer wieder, immer wieder, wir hinter ihm her – bis wir wußten, was er suchte: sein Kistchen. Er fand es in der Küche unter dem Barocktisch. Aufatmend sprang er hinein, setzte sich auf die Katzenspreu und – muß ich erzählen, was er dort machte? Wir standen selig dabei und sahen ihm zu. Er hatte sich wiedergefunden.

Wir wissen, daß er uns liebt. Alle beide. Drum sage ich jetzt, sooft meine Frau etwas an mir auszusetzen hat: »Sei still – er könnte sich kränken.«

Othmar J. Gschwentner

Ein Kater auf Abwegen

Maunz war jetzt bereits drei Wochen im Heim. In dieser Zeit hatte er wahrlich an Körper und Geist wieder zugenommen. Von Schrulli und den anderen Katzen hatte er viel Neues erfahren. Und vom regelmäßigen Essen waren die hervorstehenden Rippen verschwunden, und das Fell bekam einen seidigen Glanz. Maunz hätte sich im Heim beinahe wohlgefühlt, wäre nicht noch immer der große Freiheitsdrang in ihm gewesen. Deshalb bekam er auch immer ein wenig nasse Augen, wenn gelegentlich Besucher kamen, um sich eine Katze auszusuchen. Natürlich hatte man auch dabei keine Garantie, einen guten Platz zu erhalten, doch dann blieb noch immer die Flucht. Der Rote und drei andere Katzen waren bereits diesen Weg ins Ungewisse gegangen. Auch bei Maunz würde es nicht mehr allzulange dauern, da er jeden Tag ansehnlicher wurde. Aber was sollte mit Schrulli geschehen? Sie würde wohl bis zum Ende ihrer Tage kein richtiges Zuhause finden, denn verständlicherweise wollten alle nur schöne und gesunde Katzen. Maunz war dies egal, er hatte sie trotz ihrer Fehler liebgewonnen. Was sollte er nur machen, wenn auch ihn ein neuer Besitzer mitnahm? Dann war sie wieder alleine und niemand schützte sie vor dem Spott der anderen. Und mitnehmen konnte er sie natürlich auch nicht, weil ihn niemand verstand. Die einzige Möglichkeit wäre eine gemeinsame Flucht gewesen. Aber falls sie ihnen gelang, wovon sollten sie leben, wenn Maunz schon Mühe hatte, für sich alleine das Essen zu beschaffen. Er wußte keinen Rat, so sehr er auch sein Katzenhirn zermarterte.

Und eines Tages war es tatsächlich so weit. Eine ältere Frau kam und zeigte kurz entschlossen auf Maunz: »Ich glaube, das ist der richtige, der müßte mit meinen Mäusen spielend fertig werden«, sagte sie zum Wärter. Maunz, der alles verstanden hatte, flüsterte schnell noch Schrulli zu: »Sie nehmen mich mit, Schrulli, es ist so weit! Aber ich hol' dich bestimmt hier raus, sobald ich kann. Wir werden schon einen Weg finden, verlaß dich auf mich. Murremius Maunzolino hat sein Wort noch immer gehalten. Servus, Schnucki-Putzi, mach's gut«, konnte er ihr gerade noch zurufen, ehe ihn der Wärter mit festem Griff in einen Bastkorb setzte. Schrullis Antwort war nur noch ein ersticktes Schluchzen und Stottern, dann wurde Maunz fortgetragen.

Im Büro bezahlte die Frau noch einen geringen Unkostenbeitrag, worauf ihr der Korb mit Maunz ausgehändigt wurde. »Achten Sie gut auf ihn, liebe Frau Grabner«, sagte der Doktor, während er ihr die Hand reichte. »Er ist ein bißchen wild und noch dazu eine Berühmtheit. Aber wenn Sie ihn nicht an die Kette legen, werden Sie gut mit ihm auskommen.« Dabei strich er Maunz zum Abschied nochmals flüchtig über das Fell.

Frau Grabner wohnte zusammen mit ihrem gelähmten Sohn in einem Dorf außerhalb der Stadt. Dort besaß sie ein Haus mit einem Garten und einer kleinen Gemischtwarenhandlung. Und natürlich gab es im Keller auch viele Mäuse. Deshalb hatte ihr die Nachbarin geraten, sich eine Katze anzuschaffen. So würde sie sich das Aufstellen von Mausefallen ersparen. Und außerdem konnte ihr Sohn ein bißchen mit der Katze spielen, um sich die Zeit zu vertreiben. Schließlich mußte Frau Grabner die Kunden im Laden bedienen und hatte wenig Zeit.

Maunz gefiel sein neues Heim nicht schlecht. Was ihm weniger gefiel, war, daß er das Haus nicht verlassen durfte und er jede Nacht in den Keller gesperrt wurde. Tagsüber hielt er sich die meiste Zeit im Wohnzimmer bei dem kranken Sohn auf. Aber er konnte am Spielen keine rechte Freude finden, obwohl ihn das Kind manchmal auch streichelte oder kraulte. Vielleicht war Maunz schon zu alt zum Spielen, oder es war die Erinnerung an die Kinder der Familie Ohnesorge – er wußte es selbst nicht genau. Da der Bub an den Rollstuhl gefesselt war, ärgerte er sich manchmal, wenn Maunz nicht sofort auf sein Rufen reagierte, weil er ihn nicht selbst fangen konnte. Auch die Frau war nicht besonders freundlich, aber er bekam jeden Tag eine Schale Milch, und manchmal gab es auch Wurstabfälle aus dem Laden. Wie gesagt, das war alles halb so schlimm, und einmal würde sich auch bestimmt die Tür in die Freiheit wieder öffnen.

Wahrscheinlich dachte sich die Frau, daß Maunz sich

erst an das Haus gewöhnen müsse. Ein viel größeres Problem für ihn waren die Mäuse, die er aus alter Freundschaft zu Olga nicht töten wollte. Auf die Dauer konnte dies Frau Grabner nicht verborgen bleiben, und dann waren seine Tage wiederum gezählt . . .
Der Tag kam schneller als Maunz gedacht hatte. Zufällig hörte er, wie sie eines Abends zu ihrem Sohn sagte: »Ich glaube, der Kater taugt nicht viel. Jetzt ist er schon über eine Woche im Hause, und ich hab' ihn noch nie mit einer Maus gesehen. Vielleicht strengt er sich mehr an, wenn ich ihm weniger zu fressen gebe.«
Maunz, der unter dem Rollstuhl saß, spitzte die Ohren. Die Sache wurde langsam brenzlig. Wenn er nicht bald einen Ausweg fand, mußte er versuchen, zu flüchten.
Frau Grabner saß in ihrem Schaukelstuhl vor dem Fernsehapparat und streckte die müden Beine von sich. Während sich ihr leises Seufzen mit dem Quietschen des Stuhls und dem Geräusch des Fernsehers vermischte, murmelte sie noch undeutlich vor sich hin, so daß es nur Maunz mit seinem feinen Gehör verstehen konnte: »Ja, ja – man hat's nicht leicht als alleinstehende Frau mit einem Geschäft, das gerade genug zum Leben abwirft und einem kranken Kind und einem Kater im Haus, der für nichts nütze ist. Lauter unnötige Esser . . .« Und dann nickte sie ein bißchen ein.
Am nächsten Morgen wurde Maunz nicht, wie gewohnt, aus dem Keller gelassen. Zuerst glaubte er nur, man hätte ihn vergessen. Aber als es dann auch keine

Milch gab, wußte er, daß die Lage jetzt ernst wurde. Traurig saß er in einer dunklen Ecke und dachte angestrengt nach. Und während er so dachte, vernahm er auf einmal ein leises Trippeln. Tap-tap-tap, tap, tap, tap, tap ... Sein scharfes Auge erblickte bald zwei Mäuse, die nach kurzem Spähen sich unbesorgt an einen Laib Käse heranmachten. Da kam ihm plötzlich eine Idee: Er mußte den Mäusen sagen, daß sie sich unbedingt ein anderes Haus suchen sollten, sonst würde er sie erbarmungslos töten.
Leise, um sie nicht zu erschrecken, rief er jetzt: »Hallo Mäuse, liebe Mäuse – hört zu, ich will euch etwas sagen ...« Aber er konnte den Satz nicht zu Ende sprechen, denn die zwei hatten sich beim Klang seiner Katzenstimme sofort in ein nahes Versteck verkrochen. Maunz war ganz verblüfft, aber er erinnerte sich daran, daß wahrscheinlich nicht alle Mäuse die Katzensprache verstanden. Er begann leise zu fluchen und gleichzeitig zu jammern: »Wenn nur Olga jetzt hier wäre«, murmelte er. »Verdammt noch einmal, was soll ich jetzt tun. Ich habe nie daran gedacht, die Sprache der Mäuse zu lernen, weil ich es nicht für notwendig hielt. Ich Trottel, ich dreifacher, ich«, schimpfte er weiter. »Ein alleinstehender Kater kann nie genug wissen, das sollst du dir hinter deine haarigen Ohren schreiben, du dummer Maunz! – Olgaa, Olga, so hilf mir doch«, rief er verzweifelt.
Und wie ein Wunder vernahm er auf einmal ein dünnes Stimmchen aus einer dunklen Ecke: »Wer ruft da so aufgeregt nach meiner Mutter? Wer bist du denn?

Du hast eine so seltsame Stimme. Ich kenne dich nicht und hab' dich noch nie gesehen.«
Jetzt war Maunz zum zweitenmal einen Moment sprachlos. Nachdem er sich wieder gefaßt hatte, rief er zurück: »Mäuschen, sag mir bitte, heißt deine Mutter wirklich Olga? Dann mußt du ein Kind von meiner Freundin Olga sein, und du bist höchstens drei Monate alt. Und Olga muß im Frühjahr geheiratet haben. Es muß so sein«, fuhr er triumphierend fort, »denn nur Olga kann dir unsere Sprache beigebracht haben.«
Maunz ging jetzt langsam auf den Winkel zu, wo er die Stimme vermutete und sagte freundlich: »Ich heiße Maunz und bin ein Kater, kleines Mäuschen. Hat dir denn deine Mutter gar nichts von mir erzählt? – So ein Glück, daß ich dich getroffen habe.«
Nun war das Mäuschen wirklich neugierig geworden und kam aus seinem Versteck hervor. Denn natürlich hatte ihm die Mutter von dem großen Maunz erzählt. Dieses Wundertier mußte sie unbedingt kennenlernen. Sie hatte überhaupt keine Angst mehr.
Nachdem sie ihn mit ihren kleinen Äuglein von unten her eingehend betrachtet hatte, sagte sie: »Es stimmt, du kannst nur der Maunz sein, von dem mir meine Mutti erzählt hat. Murremius Maunz . . . Maunzozol . . .«
»Maunzolino«, half Maunz nach und machte einen Freudensprung, daß das Mäuschen heftig erschrak. »Es gibt keinen Zweifel mehr«, rief er, »nur Olga kann meinen ganzen Namen wissen.«
Das Mäuschen hatte sich bald wieder gefangen und

sagte: »Du hast recht, Maunz, Olga ist meine Mutter. Ich heiße Vita, weil ich so lustig bin und habe noch zwei Geschwister: einen Bruder namens Brummi und meine Schwester Bella – sie bildet sich furchtbar viel auf ihre Schönheit ein und putzt den ganzen Tag an sich herum. Aber sag, warum hast du vorhin so gejammert?«

»Weil ich mit euch Mäusen reden muß und weil mich niemand verstanden hatte«, antwortete Maunz. »Es geht nämlich um euer Leben oder um meines. Ihr dürft auf keinen Fall mehr hierher kommen, ihr müßt euch unbedingt ein anderes Revier suchen. Die Frau hat gesagt, sie läßt mich so lange nicht aus dem Keller, bis ich euch alle aufgefressen habe. Entschuldige, aber sie hat wirklich fressen gesagt.«

Während Maunz sprach, waren auch die anderen Mäuse aus ihrem Versteck hervorgekrochen und hörten gespannt zu, obwohl sie nicht viel verstanden. Aber Vita hatte zwischendurch immer wieder übersetzt, und dann flüsterten sie aufgeregt durcheinander. Als Vita das vom Auffressen sagte, wollten sich alle wieder in ihre Verstecke zurückziehen. »Seid doch keine Angsthasen«, rief Vita, »Maunz hat noch nie einer Maus etwas zuleide getan. Denkt lieber darüber nach, wie wir das Problem lösen können. Ach was«, fuhr sie nach einer kurzen Pause fort, »ich hab' selbst eine Idee . . . Ich glaube, Maunz wird mir zustimmen, denn damit wäre gleichzeitig unser Leben und seine Ehre gerettet. Aber eine von uns muß sich zum Schein opfern . . .«

Als Frau Grabner am Morgen nachschauen kam, erlebte sie eine Überraschung. Maunz saß vor der Tür und hielt eine leicht zappelnde Maus zwischen den Zähnen. »Aha!« rief sie, »so ist's richtig. Bist also doch ein braver Kater.« Dabei bückte sie sich und streichelte ihn einmal kurz über das Fell. »Komm jetzt«, sagte sie freundlich. »Es ist mir lieber, wenn du das Mistvieh außer Haus verzehrst, weil mich davor ekelt und du mir nur damit den Fußboden verschmutzt.«
Heller Sonnenschein umfing Maunz als sich für ihn zum ersten Mal wieder die Haustüre öffnete. Die Frau blieb unschlüssig im Hauseingang stehen, sie wollte sehen, wie Maunz die Maus verzehrte. Er mußte jetzt unbedingt Zeit gewinnen und tat so, als wollte er noch ein bißchen mit ihr spielen, bevor er sie ganz auffraß. Er ließ sie einen Augenblick los, und als sie noch benommen einen Fluchtversuch unternehmen wollte, setzte er ihr kurz nach und hielt sie mit seiner schweren Pfote nieder. Dann nahm er sie wieder vorsichtig in den Mund oder warf sie ein bißchen herum . . .
Plötzlich klang die Stimme des Sohnes aus dem Haus: »Mama, Mama – wo bist du? Ich habe Hunger.«
Eilig lief Frau Grabner ins Wohnzimmer. Sie hatte genug gesehen, sie hatte die »Katze doch nicht im Sack« gekauft.
»So, das hätten wir geschafft«, sagte Maunz, nachdem er Vita (sie hatte sich freiwillig zur Verfügung gestellt) wieder auf die Erde gestellt hatte. »Lauf jetzt zu, mein Herzchen, und grüß' deine Mutter recht schön von mir. Vielleicht kann sie mich einmal besuchen.« Zu-

frieden sah er ihr nach, bis sie seinen Blicken entschwunden war. Dann fuhr er sich einmal mit der Zunge über die Lippen. Vor Aufregung war ihm der Mund trocken geworden. Auch mußte er schleunigst den Geschmack des frischen Mäusleins loswerden, denn allzulange hätte er der Versuchung nicht widerstehen können, seine Zähne in das junge, warme Leben zu schlagen. Schließlich konnte auch er seine Natur nicht ganz verleugnen ... Aber Murremius Maunzolino hatte sein Wort noch nie gebrochen, er hatte Charakter, und darauf war er stolz. Von diesem Tag an wurde keine Maus mehr im Hause Grabner gesehen. Die Frau war sehr zufrieden, und Maunz war es ebenfalls. Er bekam jetzt so viel zu essen, wie er wollte, und auch die Haustür wurde ihm jederzeit geöffnet. Es sah so aus, als hätte er endlich ein richtiges Heim gefunden. Seine Abenteuer und die unruhigen Monate der Wanderschaft sollten der Vergangenheit angehören. Er war wieder zurückgekehrt zum gedeckten Tisch der Menschen und einem Dach über dem Kopf, wenn es draußen stürmte oder schneite. Natürlich wußte man nie, was die Zukunft noch alles brachte, aber darüber konnte er zur gegebenen Zeit immer noch nachdenken. So schnell würde ihn nichts mehr umwerfen, schließlich hatte er nicht umsonst Erfahrungen gesammelt. Wichtiger war jetzt, daß er darüber nachdachte, wie er Schrulli helfen konnte. Die Richtung, in welcher die etwa sieben Kilometer entfernte Stadt lag, wo sich das Tierheim befand, glaubte er zu kennen. Er erinnerte sich an verschiedene Geräusche aus der Stadt, die er zu bestimmten Zeiten regelmäßig mit seinem feinen Gehör von anderen unterschied: die Fabrikssirenen, die Kirchenglocken und an klaren Tagen sogar das Bimmeln der Straßenbahn. Das Heim glaubte er also mit Sicherheit zu finden. Das weit größere Problem war, was während seiner Abwesenheit alles passieren konnte, denn mit drei bis vier Tagen mußte er unbedingt rechnen. Die Mäuse könnten wieder zurückkommen, Frau Grabner könnte eine andere Katze aufnehmen oder ihn bei seiner Rückkehr aus dem Haus weisen – so vieles war möglich.

Trotzdem, er mußte sein Versprechen halten. Eines Tages machte er sich wieder einmal auf die Wanderschaft. Aber sicherheitshalber hatte er sich vorher noch einen schönen Bauch angegessen.

Als es dunkel geworden war, marschierte er los. Er wußte, daß die Nacht sein Verbündeter war und er die Hauptstraße meiden mußte. Schlafen konnte er auch tagsüber. Abgesehen von ein paar Autoscheinwerfern, die ihn blendeten, war alles reibungslos gegangen. Was ihn schießlich zum Ziel geführt hatte, wußte er selbst nicht genau. Aber gegen fünf Uhr morgens hatte er den Stadtrand erreicht. Außer ein paar Schluck Wasser hatte er unterwegs nichts zu sich genommen. Er spürte keinen Hunger, denn er war doch ein bißchen mehr aufgeregt, als er zugeben wollte. Unter einem dichten Gebüsch fand er Unterschlupf für die nächsten Stunden. Der Schlaf kam sofort, denn es war ein langer Marsch gewesen. Aber sein Unterbewußtsein blieb trotzdem wach und registrierte jede Gefahr.

Pünktlich, wie er es sich vorgenommen hatte, erwachte er um vier Uhr nachmittags. Er mußte mit Schrulli noch vor Einbruch der Dunkelheit sprechen, denn wenn sie in ihrer Koje lag, konnte sie ihn nicht mehr hören. Es war Glück, daß das Tierheim mehr am Rande als im Zentrum der Stadt lag. So gelangte Maunz schon nach einer Stunde ohne Probleme an den Maschendrahtzaun. Zuerst glaubte er, Schrulli sei nicht mehr hier, denn er erblickte nur unbekannte Katzen. Wahrscheinlich waren alle inzwischen abgeholt worden und neue dazugekommen. Ein paarmal rief er jetzt leise ihren Namen. Er wollte schon einen fremden Kater nach ihrem Verbleib fragen, als er auf einmal sah, wie sie vorsichtig hinter einem großen Stein hervorspähte. Dorthin hatte sie sich wahrscheinlich zurückgezogen, weil sie an den wilden Spielen der anderen nicht teilhaben wollte. Maunz erkannte sie sofort, sein Herz tat einen Freudensprung. »Schrulli, Schrulli«, rief er, alle Vorsicht außer acht lassend.

Sie hatte ihn ebenfalls erblickt. Mit ein paar wackeligen Sätzen kam sie zum Zaun. »Maunz, du? Du, du hahast wir-wirklich Wo-wort ge-ge-ha-ha-halten«, begrüßte sie ihn freudig. Aber gleich darauf wurde ihre Stimme wieder traurig. »I-ich freu' mi-mich rie-riesig, Maunz, da-daß du gekom-men b-bist, a-aber i-ich kann n-nicht mi-mit-kommen. I-ich wü-würde d-dir n-nur zur L-last fal-len, denn w-wer w-w-will schon ei-einen Kr-krüp-pel w-wie m-mich ha-haben. D-du

siehst ja, d-daß i-ich als ei-einzi-ge üb-übrig-ge-ge-blie-
ben b-bin. S-sag, w-wie g-geht es d-dir, l-lieb-ber
Maunz, hof-fent-lich b-bist d-du gut u-unter-ge-ge-
kom-men«, fuhr sie mit gespielter Fröhlichkeit fort.
»Ja, ich hab's gut erwischt«, antwortete Maunz. »Aber
das ist jetzt unwichtig. Red' lieber keinen solchen
Blödsinn und tu, was ich dir sage. Du versteckst dich
jetzt wieder hinter dem großen Stein, bis es dunkel
wird. Es wird dich bestimmt niemand vermissen oder
gar an Flucht denken, weil sie dich nicht für voll neh-
men. Ich grabe inzwischen etwas Erde unter dem
Zaun heraus, und wenn ich dreimal kurz ›miau‹ rufe,
kommst du.«
»A-aber Maunz«, sagte sie zaghaft, »da-das geht be-be-
stimmt n-nicht gut. I-ich ka-kann n-nicht so schn-
schnell lau-laufen w-wie du, i-ich br-bring' d-dir be-be-
stimmt n-nur U-unglück.«
»Ich dulde keinen Widerspruch«, sagte Maunz jetzt
scheinbar böse. »In zwei Stunden ist es soweit. Glaubst
du etwa, ich bin umsonst sieben Kilometer gelaufen?
Geh' jetzt zurück und benimm dich ganz normal, sonst
fallen wir auf.«
Es war kein Problem mehr für die kleine Schrulli
durch das Loch zu schlüpfen, welches Maunz in das
Erdreich gegraben hatte. Zwar jammerte sie noch im-
mer leise vor sich hin, aber sie trottete tapfer hinter
ihm her. Nach etwa drei Stunden machten sie zum er-
stenmal an einem Bach Rast. Sie waren noch nicht
sehr weit gekommen, aber es eilte jetzt auch weniger.
Maunz dachte sich: »Ich darf sie nicht zu sehr antrei-

ben, und wenn sie müde wird, kann ich sie ja auch ein Stück tragen . . .«
Noch dreimal machten sie in dieser Nacht Rast. Aber als die Sonne ihre rotgoldenen Strahlenbündel über den Bergrücken schob, hatten sie bereits zwei Drittel des Weges zurückgelegt.
Der Schlaf hatte sie beide erfrischt, und bei Einbruch der Dunkelheit schritt Maunz wieder zielstrebig voran. Am Nachmittag fing er noch ein paar Heuschrekken, um den ärgsten Hunger zu stillen.
Sie erreichten das Haus noch vor Tagesanbruch. Es war still im Dorf. Alles schlief noch, nur ein voreiliger Hahn krähte sein munteres »Kikeriki« von einem Misthaufen in die Welt hinaus. Wahrscheinlich glaubte er, daß die ganze Welt nur aus Hühnern bestand, und für die wurde es langsam Zeit, aufzustehen.
Maunz wies nun Schrulli im Schuppen ein Versteck an, welches er schon vorher ausgewählt und behaglich eingerichtet hatte. »Sobald ich kann, bring' ich dir etwas zu essen, du kannst jetzt unbesorgt schlafen gehen«, sagte Maunz.
Schrulli fragte nichts mehr, ihr war alles egal. Müde ließ sie sich in das weiche Heu fallen. Ihr letzter Gedanke, bevor sie einschlief, war: »Maunz wird es schon richten, der kennt sich aus in der Welt . . .« Und dann träumte sie, daß er auf einer grünen Wiese mit ihr spielte, ihr das Fell leckte oder ihr zärtlich ins Ohr biß und für immer bei ihr blieb. Maunz wartete inzwischen geduldig vor der Ladentür. Er wußte, daß Frau Grabner kurz vor acht das Geschäft aufsperrte, solan-

ge mußte er ausharren. Da er nicht vorhersehen konnte, wie die Frau bei seinem Anblick reagieren würde, schlüpfte er gerade in dem Moment unbemerkt durch die Ladentür, als sie aufsperrte. Es war eine kleine List, daß er sich geradewegs ins Wohnzimmer begab und sich dort wie selbstverständlich, so als wäre er nie fortgewesen, dem kranken Kinde auf den Schoß setzte. Der Knabe war über das Wiedersehen so erfreut, daß er ganz vergaß, Maunz zu schelten. Er streichelte ihn immer wieder, und Maunz erwiderte die Zärtlichkeiten mit Nachdruck. »Du schlimmer, schlimmer Kater, mich so lange allein zu lassen«, sagte der Knabe. »Wenn du das noch einmal machst, werden wir dich wieder einsperren müssen. Mutter, Mutter«, rief er durch die offene Ladentür. »Maunz ist wieder da, bitte bring' ihm etwas zu essen.«
Da die Mutter sah, wie sehr sich das Kind freute, brachte sie es nicht übers Herz, Maunz zu schelten oder gar zu schlagen, wie sie es ursprünglich vorgehabt hatte. »Ich habe dir ja immer gesagt, daß er nicht lange ausbleiben wird, wahrscheinlich war er auf Brautschau . . .«, meinte sie schmunzelnd.
Jeden Tag brachte Maunz Schrulli ein paar Bissen zu essen. Sie war mit ihrem Schicksal zufrieden, mehr konnte sie vom Leben nicht erwarten. Sie hatte zu essen, durfte in der Nähe von Maunz sein und konnte gehen, wohin sie wollte.
An einem schönen Tag im Mai schob die Mutter den Rollstuhl mit dem gelähmten Knaben in den Garten, damit er die Sonne genießen konnte. Schrulli, die sich

ebenfalls in einer Nische an der Hausmauer sonnte, fühlte sich sofort zu dem kranken Kinde hingezogen, als sie es erblickte. Sie lief zum Rollstuhl und strich dann ein paarmal mit aufgestelltem Schwanz um die Beine des Knaben, während sie leise klagende Laute ausstieß. Verwundert beugte sich der Knabe vor, um die unbekannte Katze zu streicheln. Da bemerkte er die kleine Glatze auf dem Kopf, und auch sonst kam sie ihm irgendwie anders vor als Maunz. Er wußte selbst nicht wieso, auch bei Schrulli war es reiner Instinkt, aber von diesem Augenblick an waren sie Freunde. Jedesmal, wenn der Knabe im Garten saß, besuchte ihn Schrulli pünktlich wie eine Uhr. Bald waren sie unzertrennlich. Und eines Tages blieb Schrulli einfach auf seinem Schoß sitzen, als die Mutter den Rollstuhl ins Haus schob. Da sie etwas kurzsichtig war, glaubte sie, das er Maunz im Arm hielt. Erst viel später bemerkte sie, daß ihr Kind einen neuen Spielgefährten gefunden hatte. Aber da der Knabe so bettelte und sie ihm keinen Wunsch abschlagen konnte und Maunz die meiste Zeit sowieso außer Haus verbrachte, wurde schließlich auch Schrulli wohlwollend aufgenommen. So waren alle glücklich und zufrieden. Die Mutter, weil keine Mäuse mehr im Hause waren, der Knabe, weil er einen Spielgefährten gefunden hatte und Schrulli, weil sie endlich ein richtiges Heim hatte.
Und Maunz machte sich von Zeit zu Zeit wieder für ein paar Tage auf den Weg, um neue Abenteuer zu erleben.
Und wenn sie nicht gestorben sind, so leben sie noch heute.

WOLFRAM SIEBECK

Alles für die Katz

»Das ist doch kein Leben«, maunzt mißmutig mein Kater und bearbeitet sein rechtes Ohr mit der Rückhand.

»Die Katzen hier sind einfach unerträglich!«

Tatsächlich kommen die Katzen der Nachbarschaft oft, wenn er nicht da ist, und fressen seinen Teller leer.

»Nun«, beruhige ich ihn, »es ist doch immer genug zu essen da!«

»Nein«, sagt er und nagt an einer Vorderpfote. »Das meine ich nicht. Ich finde es unerträglich, wie sie ihren Körper verkaufen, wie sie uns mit ihrem Sex erpressen!«

Er scheint wirklich Schwierigkeiten zu haben. Ich lehne mich zurück.

»Sprich! Was kann ich für dich tun?«

»Du kennst doch die zierliche Katze aus dem Dorf, die bunte mit dem aparten Gesicht«, beginnt er. »Wir haben einen wunderbaren Februar zusammen verlebt.«

Er sinnt einen Moment vor sich hin, während ich überlege, welche Katze er wohl meint. Es gibt da eine bunte in der Nachbarschaft, aber die ist nicht zierlich, sondern mager, und ihren Kopf mit den eng zusammenstehenden Augen apart zu nennen, ist mehr als schmeichelhaft. Doch wo die Liebe hinfällt . . .

»Seitdem«, fährt er verbittert fort, »habe ich bei ihr nicht mehr landen können! Ich bringe ihr Mäuse, ich unterhalte sie mit den neuesten Schlagern, ich begleite sie bei ihren Besorgungen – kurz, ich tue alles, was ein Kater für eine Katze tun kann. Und was habe ich davon? Nichts. Sie gestattet mir nicht die leiseste Annäherung!« Er schweigt. Ich sage auch nichts.
»Ich habe mich gefragt: Was machst du falsch? Waren die Mäuse, die ich brachte, nicht fett genug? Die Schlager, die ich sang, zu albern? Gefällt ihr mein Fell nicht mehr?«
»Oh, das glaube ich nicht!« sage ich schnell. Wie leicht kriegt einer in seiner Lage Komplexe. »Es gibt doch genug andere Katzen hier. Wie ist es denn mit denen?« frage ich.
Seine Ohren zucken nervös. »Ich bin doch nicht polygam!« brummt er. »Das sind heutzutage wirklich nur noch primitive Gartenkatzen.«
»Ich weiß nicht«, widerspreche ich zögernd. »Wir diskutieren jedenfalls gerade das Recht des Mannes auf zwei Frauen.«
»Das verstehe ich nicht. Es bedeutet die doppelte Menge Mäuse, doppelte Arbeit, doppelten Ärger. Nein, danke!« Er rollt sich auf die Seite und streckt die Beine. »Eher würde ich dich bitten, mich kastrieren zu lassen.«
Er ist degeneriert, das ist klar. Früher haben Kater anders geredet.
Er schließt die Augen: »Ihr seid degeneriert, das ist es! Früher hättet ihr so was nicht diskutiert. Warum«,

gähnt er mit weit aufgerissener Schnauze, »warum laßt ihr euch eigentlich nicht kastrieren?«
Ich weiß es auch nicht. Vielleicht schreibt Esther Vilar einmal ein Buch darüber. Er würde es sicher mit Interesse lesen.

Eine der wichtigsten Verhaltensregeln kennen selbst übergewichtige Katzen; ist man zu dick, begibt man sich nur in Positionen, in denen man schlank aussieht.

JOHN WEITZ, MODEDESIGNER

Gertrud Svoboda

Katzenmusik

Von allen unseren Katzen ist nur Maxi musikalisch ansprechbar. Ich weiß schon: Tierliebe, schön und gut. Aber das geht zu weit, wird jetzt mancher über mich den Kopf schütteln. »Nun dichtet sie gar ihrer Lieblingsmieze Talente an, die sie mit Sicherheit nicht hat!«

Möglich, daß ich es mir nur einbilde. Aber ist es wirklich nur Zufall, ein Reflex und sonst gar nichts, daß unsere Tigerin, ertönt irgendwo im Haus ein Instrument oder Gesang, sofort die Ohren spitzt und sich auf schnellstem Weg dahin begibt, von wo die Laute kommen?

Als ich ihre Vorliebe für Musikalisches entdeckte, war sie noch klein. Drei, vier Monate alt. Hans hatte an einem Sommertag, zwischen Dämmerung und Abend, seine Mandoline hervorgeholt und darauf zu zupfen begonnen. Ich, gut aufgelegt, schickte sogleich ein paar Jodler in die Gegend. Da raschelte es plötzlich in den Büschen vor dem Haus, und Maxi erschien auf der Bildfläche.

Ein Sprung, und sie saß zwischen uns auf der Bank, drängte sich schnurrend an ihn und an mich. Je länger er spielte, je lauter ich sang, desto fröhlicher wurde

…ch hab's schon einmal erwähnt: Maxi sieht man, … keiner anderen unserer Katzen, ihre Gefühle – Be-…agen und Abscheu, Ärger und Lust, Erschrecken und Freude – ganz deutlich an. Ich weiß nicht, woran es liegt. Am Ausdruck ihrer Augen, an der Haltung ihres Kopfes, wie sie ihr Maul verzieht oder die Ohren stellt? An jenem Abend spürten wir deutlich, wie wohl ihr war.

»Dir paßt's, was?« lächelte Hans und streichelte ihren Bart. Da tappte sie mit der Pfote nach einem der bunten Bänder an der Mandoline, die ihm, lang, lang ist's her, ein paar zweibeinige Katzen gespendet haben …

Irgendwann später entdeckte ich dann, daß Maxi lieber als Singen und Spielen das Pfeifen war. Diese Vorliebe mache ich mir natürlich dann und wann zunutze. Wenn ich sie von irgendwo weglocken will, spitze ich die Lippen, und schon ist sie auf dem Weg zu mir. Sie geht auf Pfiff. Erfahrungsgemäß allerdings nur auf meinen, was mir sehr recht ist. Denn Gefahren lauern überall.

Natürlich braucht man nicht zu glauben, daß Maxi jede Musik, jedes Instrument behagt. Sie macht da schon gewisse Unterschiede. Als eines Tages Ralph, einer unserer besten Freunde, stürmisch in die Tasten seines Konzertakkordeons griff, verschwand sie mit einem Sprung unter dem Kanapee und kam erst wieder zum Vorschein, als er mitsamt seinem laut tönenden Instrument abgerauscht war.

Überhaupt kommt es, was Maxis musikalisches Verständnis anlangt, weniger auf die Lautstärke als aufs

Melodische und die Tonlage an. Altstimmen, einen Bariton oder Baß mag sie lieber als Sopranstimmen oder Tenöre. Je tiefer, um so besser. Die perlenden Koloraturen des »Frühlingsstimmenwalzers«, »Freunde, das Leben ist lebenswert«, tenoral geschmettert, sind für sie ein Grund, sich unverzüglich in Richtung Stadel zu verflüchtigen. Dagegen fängt sie prompt zu schnurren an, wenn Schuberts »Lindenbaum« oder »Heimat, deine Sterne« sonor ertönen. Am liebsten lauscht sie der Lale Andersen. Wenn ich von der eine Platte auflege, kauert sie sich ganz dicht ans Grammophon und macht die Augen zu.

Woran es liegt? Ich weiß es nicht. Wahrscheinlich an den Schwingungen der Töne. Kühe, so habe ich gelesen, geben ja auch bei Mozart-, Beethoven- und Chopin-Musik mehr Milch, als wenn sie Schönberg oder irgendeinen »Urlatore« über sich ergehen lassen müssen. So weit wie meine exaltierte Freundin Helga gehe ich allerdings, was das musikalische Faible meiner Lieblingskatze betrifft, durchaus nicht. Die ist nämlich davon überzeugt, daß ihr Schnauzer nur bei Mozart-Musik glücklich sein kann.

Am Stephanietag 1976 kam Besuch aus Linz. Der Sohn einer ehemaligen Freundin meines Mannes hatte sein Studium am Bruckner-Konservatorium mit Erfolg beendet und wollte sich, kurz bevor er nach Darmstadt ins Engagement ging, verabschieden. Als er mit dem Geigenkasten unter dem Arm zur Tür hereinkam, schwante mir gleich Übles. Rudi, das wissen wir seit langem, ist ein Verfechter der Zwölftonmusik. Würde

er sich auch diesmal in ähnlicher Weise produzieren? Es war die Stunde der nachmittäglichen Katzensiesta, als er plötzlich seinen Fidelbogen zückte. Hans eilte sofort ins Badezimmer, um sich die Ohren mit Watte zu verstopfen, und ich machte, trotz der beißenden Kälte draußen, einen Spalt breit die Glastür auf, weil ja der fluchtartige Aufbruch von Maxi, Mentschi und Burli nur noch eine Frage von Augenblicken sein konnte. Tatsächlich jagten die beiden Kater, gleich nachdem das schreckliche Gekratze angehoben hatte, die Treppe herunter und ins Freie hinaus.
Maxi jedoch blieb, zu unserer größten Verwunderung, zunächst auf der obersten Stufe sitzen. Rudis Darbietung hätte sicher jedem »Experten« größte Achtung abgerungen. Wir jedoch, mit unserem primitiven musikalischen Gusto und dem angeborenen Hang für schöne Töne, saßen wie auf Nadeln. Und dann geschah etwas Unerwartetes. Ich hab's im Tagebuch verzeichnet.

– *26. Dezember 1976, 10 Uhr abends.* Dieser Besuch hatte uns noch gefehlt, steht da klipp und klar vermerkt. Rudi war da. Übrigens mit seiner schönen Mama, die an Hans recht unverblümt ihr nach wie vor bestehendes Interesse ausgelassen hat. Natürlich und mit Recht ist sie stolz auf ihren Sohn. Zweifellos kann er etwas. Nur leider hat er für das Konzert in diesen ländlichen Hallen eine ganz und gar unpassende Musik gewählt. Schönberg und, ach Gott, noch irgendwelche andere Moderne, die wir nicht kennen, eigentlich auch nicht kennenlernen wollten, nachdem er sie uns musikalisch, besser gesagt unter Aufbietung aller nur erdenklichen Dissonanzen, vorgekratzt hatte. Möglicherweise hätten wir (als Gastgeber kann man ja nie, wie man will) noch länger gute Miene zu diesem (im buchstäblichen Sinn!) bösen Spiel gemacht, da fuhr Maxi dazwischen. Laut fauchend mit gefletschten Zähnen, die Ohren wütend zurückgelegt, als hätte man sie ihr niedergebügelt, jagte sie plötzlich von ihrem Hochsitz über die Holzstufen zu uns herunter, stellte sich vor den heftig fiedelnden Rudi und begann, als er nicht aufhören wollte, wie ein Hund zu heulen. Das hatte für Hans Signalwirkung: »Ich bitt dich, hör auf! Du machst uns ja die Katz rebellisch!« japste er und lachte.

»Na, hörst du, das ist stark!« Rudis Mutter war sichtlich gekränkt, ja empört.

»Weißt«, sagte nun Hans betont ernst, »die Maxi ist erst kürzlich operiert worden. Wenn dein Sohn so weiterkratzt, platzt ihr zum Schluß noch die Bauchnarbe auf!«

Rudi hat daraufhin sehr still und sehr schnell seine Geige eingepackt. Wir entließen ihn mit den besten Zukunftswünschen und ein paar Doppellitern Wein zum Trost. Als er ins Auto stieg, sagte seine Mutter spitz zu Hans: »Du warst ja schon immer unmusikalisch. Gut, daß ich dich nicht geheiratet hab!«

»Wie wahr, wie wahr!« lachte er und küßte ihr die Hand . . .

ANJA MEULENBELT

Ein Held wird müde

So wie viele Menschen heutzutage nicht nur selbst gezeugte und zur Welt gebrachte Kinder haben, sondern durch Liebschaften und zweite, dritte, vierte Partner auch zu fremden Kindern kommen, spielen auch in meinem Leben nicht nur die mit mir zusammenlebenden Katzen eine Rolle. Der Mann, den ich gewöhnlich als meinen Verlobten bezeichne – als was sonst? Meinen Mann? Wir sind nicht verheiratet, und das klingt so besitzergreifend. Meinen Freund? Ich habe mehrere Freunde, aber nur einen Verlobten. Meinen Liebhaber? Als ob wir nichts anderes täten. Meinen Partner? Klingt, als müßten wir schleunigst in eine Beziehungstherapie. Meinen Liebsten? Na schön. Liebster geht auch – mein Liebster also hat drei. Katzen. Zwei Söhne. Alle drei sind einfarbig grau, so daß sie von weitem wie eine kleine Herde aussehen, vor allem wenn sie gegen Essenszeit alle drei in der Küche herumhängen. Aber aus der Nähe sind sie ganz leicht zu unterscheiden. Die älteste meiner Stiefkatzen, unverkennbar ein Kater, der eigentlich »Halfred the troublesome Poet vom grünen Ritter« heißt, aber Grijs genannt wird, ähnelt Clint Eastwood, finden sein Mensch und ich. Ein *loner*. Ein Macho. Grijs ist der Sproß einer Bastardlinie irgendeines Adelsgeschlechts. Russisch-Blau, aber seine Mutter hieß schlicht und einfach Jet. Fast alle grauen Katzen, die man in Amsterdam sieht, sind meiner Ansicht nach mit ihm verwandt, und damit auch mit meinem Liebsten. Aber das wußte ich noch nicht, als ich Grijs kennenlernte.

Ich war damals noch mit einer Dame liiert und kam häufig ins Frauenhaus. Bei schönem Wetter saßen wir oft nackt im Innenhof, von den Nachbarn beäugt. Mir machte das nie viel aus, dieses Geglotze, schließlich waren wir in der Mehrheit, und wenn es mich zu sehr störte, nahm ich einfach noch meine Kontaktlinsen heraus. Einer derjenigen, der uns kaum aus den Augen ließ, war Grijs. Als kleines Wollknäuel saß er oben an der Treppe des Nachbarhauses und schaute. Ein Haus weiter wohnte mein Zukünftiger, aber ich wußte noch nicht, daß er mein Zukünftiger war, und er gehörte auch nicht zu den Nachbarn, die uns begafften. Grijs kam nie näher. Er schaute nur, mit einem Blick, den ich schon kannte: In einer der Kommunen, in der ich eine Zeitlang gewohnt hatte, saßen alle Katzen der Nachbarschaft, auch unsere, auf dem Zaun, wenn die Nachbarin im Garten nebenan die Hühner aus dem Stall ließ, damit sie draußen ein Stündchen scharren konnten. So wie Menschen fern-sehen, fast bewegungslos, den Blick starr in eine Richtung gewandt, vertieften sich die Katzen ins Huhn-sehen. Aber sie unternahmen nie etwas, genausowenig wie Grijs je etwas anderes tat als zu schauen. Ich lernte ihn näher

kennen, als sich herausstellte, daß sein Mensch und ich für dieselbe Monatszeitschrift arbeiteten und wir manchmal bei ihm zu Hause unsere Redaktionssitzung abhielten. Da lernte ich auch die zweite Katze kennen. Vigdis, genannt Pummel. Ein Weibchen. Eine Karthäuserkatze, und damit puscheliger als eine Russisch-Blaue. Während Grijs ein schweres Tier ist, mit Bleipfoten und Krallen aus rostfreiem Stahl, ist sie erstaunlich leicht. *Fluffy*. Bestandteile: vierzig Prozent Kükenflaum und der Rest Polyester. Nach menschlichen Maßstäben fiele sie in die Kategorie doofe Blondine, nicht mehr ganz jung, wohnhaft in Los Angeles und ihre Zeit am Telefon verbringend.
Wie es aussah, führte sie keine schlechte Ehe mit Grijs, auch wenn es ab und zu Hiebe setzte. Dann flüchtete Vigdis vor Grijs unters Bett, so eine Art Rührmich-nicht-an für Katzen, denn unter dem Bett war es zu niedrig für Grijs, um richtig ausholen zu können. Es ging auch mehr ums Prinzip, mehr darum, wer der Herr im Hause war, als daß sie wirklich eine Tracht Prügel verdient hätte. Doch meistens waren sie friedlich. Ich erinnere mich aus der Anfangszeit vor allem daran, wie sie Flanke an Flanke, die Schwänze fast ineinander verschlungen, zu ihren Freßnäpfen gingen, wenn ihr Mensch in die Nähe der Küche kam und die Hoffnung stieg. Dieses Bild erinnert mich an ein anderes, das sich aus irgendeinem Grund nicht aus meinem Gedächtnis löschen läßt, und zwar das zweier Autos, die in einem der strengsten Winter, die wir je hatten, aufeinander zufuhren. Es war auf dem Mu-

seumplein, ohnehin eine unwegsame Fläche, doch jetzt hatte sich die Straße in eine Eisbahn verwandelt, und dicht vor mir – ich fuhr mit dem Rad und hatte Mühe, das Gleichgewicht zu halten – rutschten zwei Autos langsam aber unaufhaltsam zusammen. Als Zusammen*stoß* konnte man es nicht bezeichnen, da schepperte kein Blech, nein, lautlos schmiegten sie sich aneinander, fuhren ein Stück gemeinsam, um kurz darauf wieder jeder seines Wegs zu gehen. Eine kurze, wortlose Vereinigung. So etwas passierte bei Grijs und Vigdis auch oft.

Dabei wie ich meinen Liebsten kennenlernte, hatte Grijs seine Pfote im Spiel. Während einer Redaktionssitzung dieser Monatszeitschrift hatte ich plötzlich eine unbezähmbare Sehnsucht nach Katze, wie sie einen Katzenfreund eben von Zeit zu Zeit überkommen kann, und ich versuchte, Grijs auf meinen Schoß zu locken. Als er mich freundlich, aber bestimmt abwies, tat ich, was man nie tun darf, ich nahm ihn hoch. Grijs, ganz widerspenstiges Muskelpaket unter dem weichen Fell, nahm mit einem Sprung Reißaus, wobei er einen scheußlichen Kratzer auf meinem Knie hinterließ. Ich fluchte. Worauf Grijs' Mensch, anstatt seiner Katze einen strafenden Blick zuzuwerfen, *mich* böse ansah. Damit waren die Verhältnisse geklärt, die Prioritäten gesetzt. Erst die Kinder, dann die Katzen, und zum Schluß erst die Liebsten. Das sprach für ihn, denn so ähnlich hielt ich es auch.

Seither hatte ich Gelegenheit, Grijs ganz genau kennenzulernen. Er hatte nichts dagegen, wenn ich im

Bett seines Menschen mitschlief. Viel Kontakt hatte ich anfangs nicht zu ihm, denn er war, als Mann, außer Haus tätig. Es war in erster Linie Vigdis, die Kontakt zu mir suchte. Wie sie das im übrigen bei jedem tat, denn wählerisch war sie nicht, sondern recht promiskuös in ihrer Zuneigung. Das machte die Beziehung für meinen Geschmack auch etwas unbefriedigend. Zu mühelos. Im Grunde war sie ein Flittchen, das bei jedem Menschen, der sie nur anschaute, schon erwartungsvoll zu schnurren begann. Grijs war nicht so leicht zu gewinnen. Meist war er auf dem Dach damit beschäftigt, den Feind auf Abstand zu halten. Breitbeinig, fast wie ein Westernheld, kam er nach getaner Arbeit herunter, um einen Happen zu essen.
Aber Grijs wurde älter, ein bißchen steifer und langsamer. Ich war bei seiner Entmachtung dabei, und es spricht für seinen Charakter, daß er es mir verziehen hat, Zeugin seines endgültigen Abgangs als Dachheld gewesen zu sein. Viele Menschenmänner hätten das nicht getan. Die entscheidende Niederlage erfolgte bei einer letzten Prügelei. Als er nach Hause kam, war klar, daß es einen schweren Kampf gegeben und daß er ihn verloren hatte. Sein Ohr wies einen Riß auf, und die Nase blutete. Schniefend und ganz erschüttert setzte er sich aufs Sofa, mit dem Rücken zu uns. Alle Anwesenden wußten, daß Streicheln und sonstige Trostbekundungen in dieser Situation fehl am Platz gewesen wären. Damit mußte er allein fertig werden. Als er nach etwa drei Tagen vom Sofa herunterkam, war er geläutert. Sein Macho-Image hatte er abgelegt.

Er ging nur noch selten aufs Dach, und wenn, dann am liebsten in Begleitung eines Menschen, so daß er auf der Dachterrasse gefahrlos unter dessen Stuhl sitzen konnte. Er kämpfte nicht mehr. Er hatte seinen letzten Western gespielt, und er wußte es. Von da an veränderte sich sein Wesen. Er blieb ein *loner*, der aber auch etwas von einem freundlichen alten Herrn an sich hatte. Vigdis hatte ihr sonniges Wesen inzwischen gegen chronische Verdrießlichkeit eingetauscht, denn eine dritte Katze war aufgetaucht, Celes, kurzhaarig, ebenfalls grau, ein kesses Ding, das alle Aufmerksamkeit auf sich zog, die früher Vigdis gegolten hatte. Eine Rivalin mit allen Vorzügen der Jugend. Grijs, inzwischen in die Jahre gekommen, mischte sich nicht in die Intrigen ein, die die Damen untereinander ausfochten. Er jagte Vigdis auch nicht mehr unters Bett. Er wurde dünner, steifer und wettergegerbter, Typ pensionierter Oberst. Sein Schwanz wurde dünn, sein Fell räudig, und von seinen ohnehin tiefliegenden Augen war eines manchmal halb geschlossen, was ihm einen etwas dämlichen Ausdruck verlieh. Ganz anders als Vigdis' Kulleraugen, aus denen sie früher naiv, jetzt vergrätzt in die Welt sah.

Eines Tages knickte Grijs in den Hinterbeinen ein. Sein Mensch ging mit ihm zum Doktor, aber viel war nicht mehr zu machen. Vielleicht könne eine Vitaminkur etwas helfen, aber irgendwann, in nicht allzu ferner Zukunft, würden die Lähmungserscheinungen zunehmen, und wenn erst die Nieren erfaßt wären, würde es schnell vorbei sein.

Aber Grijs ist ein Beispiel dafür, daß wir mit Sterbehilfe nicht zu schnell bei der Hand sein sollten, denn trotz seiner Gebrechen ist er glücklich. Ein glücklicher alter Mann, der sich auf der Heizung die alten Knochen wärmt, wenn kein Mensch in der Nähe ist, auf dem er es sich bequem machen könnte, und der kopfschüttelnd aufsteht, um es noch mal zu versuchen, wenn er wieder heruntergefallen ist. Wähend er früher energiegeladen auf Tische, Schränke und die Spüle sprang, ist ihm jetzt die Überlegung anzusehen, ob sich die Mühe wohl lohnt, und wenn er doch auf den Tisch will, dann über viele Stufen. Ein bedächtiger alter Mann. Als er einmal ausprobierte, ob er noch mit einem Sprung auf die Spüle käme, und es nicht schaffte, sah ich weg. Es war zu schmerzlich mitanzusehen, wie er, an den Vorderpfoten hängend, versuchte, am glatten Granit Halt zu finden, wie er mit den Hinterbeinen gegen den Unterschrank trat und doch noch hinaufzukommen versuchte. Ich hörte, wie seine Krallen über das Holz kratzten, als er endgültig abrutschte. Auch Grijs hat seine Würde, und die müssen wir ihm lassen. Wir ignorieren folglich das dumpfe Gepolter auf dem Flur, wenn er wieder mal die Treppe hinuntergefallen ist. Jeder andere würde grantig und griesgrämig werden, nicht aber Grijs. Anhänglicher denn je schmiegt er sich an mich, wenn ich auf dem Sofa sitze, und ganz in der Tiefe – früher gab es das nie bei ihm – setzt dieses zufriedene Vibrieren in seinem alten Körper ein, dieses gedämpfte Grollen, ein bißchen eingerostet, aber überzeugend. Grijs schnurrt. Grijs ist glücklich. Grijs macht es nicht einmal etwas aus, daß man, seit auch der zweite Sohn meines Liebsten aus dem Haus ist, nachts nur noch in einem Bett einen Menschen findet, an den man sich kuscheln kann, und daß auch Celes und Vigdis unser Lager teilen. Das ist jetzt ziemlich voll. Drei Katzen und zwei Menschen, das sind sechzehn Füße in einem Bett und ziemlich viel Gewühl und Getrampel, bevor jeder bequem liegt. Wenn alles schläft, ist es eine sanft schnarchende, atmende Masse, eine Ruhe, die nur dann und wann unterbrochen wird, wenn jemand sich umdrehen will und Körperteile sich träge bewegen. Von den drei haarigen Gesichtern, die mich morgens beim Aufwachen anblicken – hoffnungsvoll, geht's jetzt los, beginnt der Tag? – , ist mir Grijs' mottenzerfressener Kopf inzwischen der liebste. Er blinzelt mir zu. Er fängt den neuen Tag, einen seiner abgzählten Tage, zufrieden an.

Einmal, als ich mich nachts umdrehte, fiel er aus dem Bett. Nun können Katzen normalerweise nicht aus dem Bett fallen, denn auf halbem Weg wird aus dem Fall ein Sprung. Aber dafür ist Grijs nicht mehr gelenkig genug. Es ist ein gräßliches Geräusch, so ein dumpfer Aufprall. Seitdem lege ich beim Umdrehen einen Arm um ihn, bis er wieder seinen Platz gefunden hat.

Das gefällt ihm, dem alten Herrn, und vertrauensvoll legt er sich jedesmal an meine Bettseite. Eine unverhoffte neue Liebe auf seine und meine alten Tage.

LITERATURHINWEIS

ELKE HEIDENREICH, *Geliebte Egoisten*
Copyright bei der Autorin

OTHMAR J. GSCHWENTNER, *Ein Kater auf Abwegen*
Copyright beim Autor

ANJA MEULENBELT, *Ein Held wird müde*
aus Geliebtes Untier, deutsch: Helga van Beuningen
Copyright bei Rowohlt Verlag GmbH, Reinbek

Alle anderen Rechte liegen bei der F.A.Herbig Verlagsbuchhandlung GmbH, München

EPHRAIM KISHON, *Die Katze als Wille und Vorstellung*
in der Übersetzung von Friedrich Torberg

SIMON CARMIGGELT, *Es bleibt in der Familie*
in der Übersetzung von Jutta und Theodor A. Knust